CONSTRUII

MUNDOS

M. A. Conde

EL ESPACIO HET-BI-HOM

Ley Natural de creación y ordenación de las orientaciones sexuales del Espacio Het-Bi-Hom y del reparto de población en las mismas.

europa ediciones

© 2026 **Europa Ediciones** | Madrid
www.grupoeditorialeuropa.es

ISBN 9791256961993

I edición: abril del 2026

Distribuidor para las librerías: **CAL Málaga S.L.**

Impreso para Italia por *Rotomail Italia S.p.A. - Vignate (MI)*

Stampato in Italia presso *Rotomail Italia S.p.A. - Vignate (MI)*

EL ESPACIO HET-BI-HOM

Ley Natural de creación y ordenación de las orientaciones sexuales del Espacio Het-Bi-Hom y del reparto de población en las mismas.

"Por todos los que…
…se atrevieron a gritar…
…por los que siempre callaron…
…por la vida que queremos heredar".

(Revolución. Amaral)

Estamos tan anclados en la mentira que la creemos verdad y probablemente cuando nos cuenten la verdad, la creeremos mentira.

-Yo-

"La peor verdad sólo cuesta un gran disgusto. La mejor mentira cuesta muchos disgustos pequeños y al final, un disgusto grande".

- Jacinto Benavente. Escritor español -

AGRADECIMIENTOS

Es importante agradecer. Es importante escribírselo a uno mismo para hacerse consciente de todos los elementos, poderes y personas que le han permitido o ayudado en el logro o consecución de algo.

Primeramente, quiero darles gracias a mis padres por todo el tiempo en el que pude investigar (aunque fuese de una forma tan poco programada y pensada) y por el tiempo en el que pude escribir y corregir este libro que leen ahora. Llevaron mucho más tiempo la escritura y la corrección que el proceso de descubrimiento.

Gracias a la Vida, siempre misteriosa y generosa, que me ha dado tanto; entre ello, la capacidad, la oportunidad y el momento.

Gracias a esa fuerza extraña y poderosa, que aún no comprendemos del todo, que siempre sirve de guía: la intuición. Y gracias a ese momento donde intuición y razonamiento trabajan juntos y descubren un mundo nuevo.

Gracias al Mundo, aunque sea un lugar difícil, oscuro y complicado. Porque aquí es donde tenemos la oportunidad de aprender, crecer y mejorar.

Gracias a todos aquellos que deciden renunciar a sus aprendizajes para ayudarse a sí mismos a aprender de verdad, sin condicionamientos, y ejercen de verdaderos maestros de sí mismos.

Gracias a Ginevra Grasso, lectora de esta editorial, por ser la primera en darle un sí a este proyecto. Gracias a cada una de las personas que han permitido la publicación de este libro, destacando a Rachele D´Alelio, gerente de producción, y Antonina Giallombardo, editora de la misma. Gracias a esta editorial, Europa Ediciones, por publicar este libro y poder, de una vez, enviarlo al Mundo. Y que éste lo reciba como quiera o pueda.

Finalmente, gracias a ti, querida lectora, querido lector, por darle una oportunidad, un momento de reflexión a todo lo que en este libro expongo.

No me gusta esa frase que dice: "Yo soy creyente", o "no soy creyente". Lo cierto es que eso no existe, porque sería como preguntarle a la mente sobre verdades, y la mente no sabe de verdades, sino de creencias. A la mente no le importa la verdad, sino las ideas de siempre. Por eso es tan fácil quedarse atrapado en ellas. Es la consciencia la que sí busca un acercamiento a las mismas. Espero que este libro cree más consciencia entre las personas.

El Creador no es una creencia, es una existencia.

No se cree o no se cree en el Creador. Se siente o no se siente. No se trata de ser creyente, sino sintiente, que es lo que yo soy.

Como sintiente que soy, siento perfectamente, valga la redundancia, la existencia del Creador. Por esa razón, aunque suene tan extraño, quiero agradecer al Creador. Entre tanto, por la existencia de este espacio y el descubrimiento de éste. Es un placer – y un trabajo también – desvelar tan sólo una parte de todos los misterios de la Creación. Da miedo enfrentarse al Mundo y decirle que no lleva razón. Pero han sido aquellos que lo han enfrentado quienes nos han hecho movernos a todos. En Sus manos me quedo. Valientes son quienes lo hacen, aunque sea con miedo.

Contenidos

PRESENTACIÓN

<<Hola, soy M. y soy homosexual. >>

Esto es lo que diría a comienzos de octubre del año 2015, pero no a finales, que es cuando comenzó esta aventura, por llamarla de alguna manera, que presento en este libro.

Por tercera vez en mi vida cambia el concepto de mi sexualidad.

Ésta es la segunda transición por la que paso en el entendimiento de mi propia orientación. No cambia ésta, sino mi conocimiento de ella. La primera vez fue cuando comprendí que no era heterosexual, que era homosexual y pasé de un absoluto a otro absoluto (más adelante sabrán cuál es el significado de *absoluto* en este campo o ámbito). La segunda fue antes de finalizar la comprensión de este "Todo". Abandoné el "absoluto" y entendí que no era homosexual y que tampoco era bisexual. Era homoflexible.

Por lo tanto, así comienza la explicación de mi proceso de descubrimiento:

<<Hola, soy M. y soy homoflexible.>>

En la búsqueda de mi orientación sexual encontré una ley natural que regulaba parte de la sexualidad humana: la atracción afectivo-sexual; la creación-organización de siete orientaciones sexuales y el reparto de población en las mismas.

Les invito a conocerla.

JUSTIFICACIÓN

Libertad e **Igualdad**, los dos grandes valores o principios que llevan moviendo a la humanidad probablemente desde que los humanos nos hicimos humanos. Las más inherentes a la dignidad. Siglos y milenios peleando por ambas y aún no hemos terminado. ¿Conseguiremos desarrollar algún día una sociedad en las que ambas existan de la forma más completa posible? ¿O ese día será el final porque habremos cumplido nuestra función en este mundo?

La lucha por la libertad y la igualdad de las orientaciones sexuales (e identidades de género) es una pelea que ya está en la calle, en el mero comportamiento de las personas, y es un esfuerzo colectivo al que me quiero sumar para formar parte también de la victoria.

No quiero el mundo mejor regalado. Quiero ser de quienes lo hacen llegar.

Las cosas están cambiando y lo sabemos todos. Unos lo notan; otros, al contrario, no perciben "la realidad". Simplemente saben de este cambio porque se lo cuentan otras personas, no porque lo sientan o lo vean. Hay gente que no percibe, que no ve.

Nuestro entorno evoluciona ante el optimismo de unos y el rechazo de otros. La verdad aflora del subsuelo, invencible, por las grietas de libertad que fragmentan la estructura monolítica de la sociedad tradicional. La Verdad, poco a poco, irrumpe en el espacio conjunto, la sociedad general, amenazándola, atacándola, reestructurándola, reconstruyéndola. Comienza el fin de esta sociedad. Se va para que llegue otra. No hay sitio para las dos. Ya hace tiempo que este enfrentamiento comenzó.

Cada vez hay más famosos que hablan de su homosexualidad o bisexualidad. Cada vez sabemos de más personas que "han salido del armario". Cada vez hay más personas que se atreven a decir "no" a las imposiciones de una sociedad impositiva.

Cada vez más.

Durante años he observado, sin quererlo la mayor parte de las veces, empujado por el instinto o la intuición, en los pueblos de la Sierra de Burgos-Soria (Pinares), en las personas de mi generación (de 20 a 40 años de edad) los altos índices de homosexualidad que, en realidad, sí parece haber. Entendí, por tanto, que la sociedad, comenzando por la de esa zona – y extrapolando ésta a la general, España y mundial – se divide en dos caras: la A y la B. A es la natural; B, la social. La cara A es la invisible y la B, la visible. Lo existente en la cara A no era lo mostrado en la B. Existía y aún existe una <u>discordancia</u>.

Por medio de la intuición, la percepción, la observación y la reflexión llegué a tres conclusiones en distintos momentos maduradas a lo largo de los años. Estas ideas sin demostrar eran <u>hipótesis</u> que yo formulaba en mi cabeza antes del descubrimiento de esta teoría. Son las siguientes:

1. **Línea de interrelación**. Las tres orientaciones sexuales principales, o así creídas, heterosexualidad, bisexualidad y homosexualidad, están localizadas en una línea mediante la cual se relacionan entre ellas.

2. **Igualdad**. El porcentaje de población de homosexualidad y heterosexualidad es el mismo.

16

3. **Minoría**. Este porcentaje es únicamente de un 10 o un 15 por ciento en cada una de estas orientaciones (y ambas con el mismo porcentaje; recordemos, igualdad). El resto de la población se mueve en un terreno de cierta o completa bisexualidad.

Después, adquirí otras hipótesis:

4 – Hacia el 70-80% de las familias con dos hijos en mi generación (nueva generación) tienen un hijo heterosexual y otro homosexual.

5 – Toda la sexualidad es en sí una estructura compleja, un entramado en el que todos los aspectos de la sexualidad (o gran parte de estos) se encuentran dentro de ella interrelacionados por medio de elementos de conexión, conceptos, leyes comunes, etc.

En este estudio sólo veremos si las tres primeras hipótesis de esta (creída) ley natural se cumplen. 4 y 5 no forman parte de él.

Este libro está dividido en <u>tres partes</u>: línea, igualdad y población, referentes cada una a las tres hipótesis.

EXPLICACIÓN

Llegado un momento, partiendo del cuestionamiento de mi propia sexualidad, intuí que la primera línea (línea de interrelación, después llamada *línea het-bi-hom*), cuya existencia yo entendía, era más compleja de lo que creía, y permitía una representación superior, un dibujo más completo, más fino del que yo en un primer momento había realizado. Había vida en él; algo que me olía y que, a base de mucho pensar, de mucho intentar comprender, de mucho intuir, supe resolver, creo, satisfactoriamente.

Entendiendo la teoría de esta ley, comprenderemos que esa dominante heterosexualidad que se nos vende desde casi todos los ámbitos de la sociedad es una mentira social, y también histórica, proveniente de las religiones (creadoras y moldeadoras de las sociedades), que gran parte de la población cree verdad.

Defiendo que gran parte de la ciudadanía, mediante un comportamiento social aprendido y compartido, desde el miedo y la ignorancia, desde la voluntad de ayudarse a sí mismos a ser felices, oculta una identidad más o menos común; también que la discriminación hacia la homosexualidad y la bisexualidad por considerarlas minorías está totalmente injustificada.

El descubrimiento de los conocimientos de esta estructura beneficiará tanto a todas aquellas personas que no se encuentran en esa exclusividad heterosexual en la que la especie humana cree vivir, como a todos los ciudadanos en conjunto, independientemente de su orientación sexual, pues conseguiremos una sociedad más justa y, ante todo, más limpia y más libre; más firmemente asentada tanto en la Verdad como en el respeto a la riqueza de la diversidad tan presente en la naturaleza humana. Forma parte del más puro interés de cualquier persona vivir y desarrollarse en la sociedad más justa, transparente, evolucionada e inteligente posible.

La enorme influencia de la sociedad católica, así como la expansión de las religiones abrahámicas (cristianismo, islamismo, judaísmo) en todo el planeta, la criminalización legal y social de la homosexualidad, el capitalismo y su necesidad de mano obrera, la altamente exigida virilidad de los hombres y feminidad de las mujeres en los fascismos del siglo pasado junto con la *heterosexualización* de la sociedad, el totalitarismo del comunismo – hermano gemelo del fascismo –, el mínimo o nulo nivel educativo de la ciudadanía durante siglos, la desnaturalización de la sexualidad por parte de las religiones, su aislamiento de la sociedad y el no estudio de la misma como una ciencia con su propio conocimiento (sexología) han propiciado la creación de una heteronormatividad social, inmensa e irreal (y de un heteropatriarcado) que poco a poco vemos desaparecer ante nuestros ojos, incapaz de seguir manteniéndose a flote ante la falta de lógica y, ante todo, de verdad. Nada que no esté construido desde la Verdad sobrevive al paso del tiempo. Por muchos años que dure el imperio de la mentira, caerá. Lo que es mentira, es irreal y, por lo tanto, inexistente. La apariencia se deshace. El ser humano no encuentra armonía en la mentira. No puede ser libre en ella. No puede, simplemente, ser – quien es. Es un obstáculo para su desarrollo.

El conocimiento de la existencia de este espacio tiene mucha importancia en la sociedad actual, pues cualquiera que tenga un mínimo de sensibilidad y sea capaz de apreciar los pequeños cambios en materia afectivo-sexual que ocurren a nuestro alrededor habrá observado que, en este ámbito, nuestra sociedad cambia a una velocidad de vértigo, que lo permitido hoy no era lo permitido hace veinte años por la ley ni hace diez por la opinión pública; que en los últimos años la sociedad española ha dado pasos de gigante buscando libertad y normalización; que la estructura de comportamiento, pareja y familia de la sociedad tradicional se reducen poco a poco, y son ahora acompañadas por otras conductas, similares pero otras, que unos traen a la cara visible de la sociedad y otros observan con tolerancia y permisividad en la mayoría de los casos, aunque también, a día de hoy, con recelo, rechazo e, incluso, con violencia.

Desde mi punto de vista, la información proveniente del *Espacio Het-Bi-Hom* es el empuje definitivo para normalizar esas formas pertenecientes a la cara A (natural, invisible y verdadera) del ser humano que con tanta fuerza pugnan por tener su merecido lugar en la cara B (social o visible). ¿Lograremos una cara B de imagen fiel a aquello que dicta su origen, la cara A? ¿Conseguiremos, por fin, crear una sociedad limpia y transparente?

EL ORIGEN DE TODO: LA SIERRA DE BURGOS-SORIA.

La zona de la Sierra de Burgos-Soria, llamada Pinares, se encuentra, como su propio nombre indica, entre estas dos provincias, aunque también comparte, en sus identidades, con pueblos de La Rioja.

Como en todo el mundo rural en nuestro país, su censo ha descendido notablemente. Y, como en todos, la diferencia de población entre generaciones es muy acusada.

Mi generación es justamente la franja de edad que he observado: personas de 20 a 40 años de edad, aproximadamente. Dos características propias de este grupo de población me han permitido una fácil observancia y posterior análisis:

1. No somos una generación numerosa.
2. Somos mayormente dos hermanos por familia; independientemente de nuestro género. <u>Dos hijos en cada familia</u>.

Ambas simplifican el análisis y la observación.

Ello hacía, y hace, muy fácil la separación en pequeños grupos en los que encontrar información, entenderla, y después observar si esos datos se dan a gran escala; de la pequeña proporción a una proporción mayor.

¿Qué conclusiones obtuve?

3. Que en la mayoría de los casos, en un 70-80% de aquellas familias con dos hijos, percibo que uno de estos dos hermanos es heterosexual o

mayormente heterosexual y el otro hermano es homosexual o mayormente homosexual.

4. Por tanto, hay el mismo número de homosexuales o mayormente homosexuales y de heterosexuales o mayormente heterosexuales. Se da una igualdad.

5. También que la mayor parte de las personas se mueven en un terreno de cierta o plena bisexualidad. Los "solo heterosexuales" o "solo homosexuales" son una minoría.

Estas hipótesis ya las he explicado en el apartado anterior.

LA CIFRA NATURAL Y LA CIFRA SO-CIAL

Atendamos a estos dos términos que empleo en mi investigación: la *cifra natural* y la *cifra social*, lo verdadero y lo aparente.

¿Qué es cada una de ellas y a qué se refieren?

Por decir números, tanteando, incluso rozando la invención de cantidades que me sean de utilidad a la idea que intento explicar:

- Hace unos cincuenta años se pensaba, de forma general, que casi todo el mundo era heterosexual. Pongamos que se trata de un estimado 99% de la población. Y un 1% de homosexuales. No creo que utilizasen ni estas dos palabras ni ninguna más allá de las malsonantes que ya conocemos.
- Hace veinte años es probable que se pensase que un 95% de la gente era heterosexual y sobre un 3-5%, homosexual. Dejemos un 2% para otras orientaciones, si es que se pensaba en ello.
- Cuando se legalizó el matrimonio igualitario en España, se estimaba que sobre un 90% de las personas eran heterosexuales y un aproximado 5-8%, homosexuales.
- Hoy se cree que habrá un 85% de heterosexuales, un 10-12% de homosexuales y otras orientaciones.

La pregunta es: si esas cifras hablan de algo <u>natural</u> como es la orientación sexual de las personas, **¿cómo es posible que cambien con el paso del tiempo? ¿Y, ante**

25

todo, que lo hagan tan rápido? Aquí no entra la adaptación.

Dos posibles respuestas:

1.   Porque el número de población de las orientaciones sexuales cambia en cada generación. La naturaleza funciona así.
2.   En realidad, el número no cambia, permanece invariable en la naturaleza humana, sino que a medida que hay más libertad y tolerancia, también hay mayor número de personas que deciden desvelar su orientación sexual. A menos miedo e ignorancia, mayor expresión de la verdad. Menor número de heterosexuales sociales y mayor número de homosexuales sociales, sin contar otras orientaciones.

Obviamente, la respuesta correcta es la número dos.

Entendemos, por tanto, que las cifras que se han ido tanteando durante décadas son cambiantes porque pertenecen a la sociedad, y según las variables que influyen en ésta – libertad, aceptación, tolerancia, conocimiento, cultura y educación sexuales, ignorancia, creencias, religiosidad, etc. – los porcentajes se acercan a una heterosexualidad social "masiva" o una disminución de ésta en pro del crecimiento de las otras orientaciones, o mejor dicho, de su visibilización "en la calle".

A estos porcentajes que cambian en las distintas etapas de las pequeñas sociedades los llamo **cifra social**. ¿La *cifra social* de qué? De porcentajes de población de las orientaciones sexuales. (Sí, en términos de porcentaje).

Está claro que si esa *cifra social* cambia es porque no es real, no es verdadera, no pertenece a la Verdad, sino que está sometida a las variables que he mencionado antes, que flotan en la sociedad, que influyen sobre ésta y la moldean, que viven en "el aire" y que la liberan o la limitan, permiten "el ser" o lo constriñen.

Cuanto mayor es la **ignorancia** de una **comunidad** en materia sexual y más restrictivos y simplificados sus comportamientos comunes, cuanto menos se contemplan la individualidad, las libertades de los sujetos, mayor es el número de ciudadanos que se someten a la norma imperante en el comportamiento común; en el caso de "nuestro mundo", la exclusiva visibilización de la heterosexualidad, que deriva en heteronormatividad. Se sobreentiende que todo el mundo es heterosexual y que lo normal es ser heterosexual. La verdad es otra. El iceberg sumergido.

Y al revés; a mayor libertad y educación, menor porcentaje de heterosexuales y mayor de bisexuales y homosexuales. La verdad visualizándose en la luz. El iceberg saliendo a la superficie.

Está claro, entonces, que cuantas más libertad y tolerancia hay, más se acerca esa *cifra social* a otra cifra, que es la que se encuentra en la **parte "real"** de la Vida, la naturaleza humana, allí donde está reflejado todo lo que nos define, allí donde se encuentra La Verdad. Es lo que yo llamo la **cifra natural**. ¿De qué? De porcentajes de población de las orientaciones sexuales.

¿Cuál es esa *cifra natural*? ¿La podemos descubrir? ¿Podemos acceder a ella? Si existe, podemos. Existe. Yo he podido. Os la presento en este libro.

UN LUGAR LLAMADO ULULU

¿Existe Ululu?

- **El estado de los conocimientos. El estado de El Conocimiento.**

Veamos. Un lapicero es sólido; el contenido de un refresco es líquido y el humo del tabaco o el aire que respiramos son ambos gaseosos. Siempre nos han dicho que estos son los estados de la materia: sólido, líquido y gaseoso. Aquí menciono tres, en realidad hay más.

Ahora bien, multiplicando lado por lado averiguamos el área del cuadrado; pero multiplicando el largo, alto y ancho de los lados de una piscina sabremos cuántos litros de agua podremos meter en esa piscina, porque, aparte de previamente alguien descubrió esta regla de la geometría, otra persona también dio a conocer que un litro es igual a un metro y podemos establecer una equivalencia entre esas dos unidades de capacidad y longitud. Hay comportamientos en las personas, comunes a toda la especie humana, incluso a las sociedades, descritos por especialistas de la psicología y la sociología; y pensamientos de la lógica y la razón expuestos en la filosofía.

Las matemáticas, la fórmula de la ecuación de segundo grado, el número Pi, el pensamiento filosófico-racional, las leyes de la lógica... ¿dónde se encuentra todo eso? ¿Dónde se aloja todo aquello que es externo al control humano, y que define y moldea a la especie humana y al mundo en el que ésta vive, que "hace ser", pero que es ajeno y externo a la gran capacidad de creación de esta especie?

He entendido que estamos rodeados de conocimiento, de normas, de leyes, de reglas, de estructuras lógicas, de secuencias de comportamientos, de un "algo" o un "todo" superior a esto que vemos con nuestros ojos, que percibimos con nuestros cinco sentidos, superior a toda creación humana y a las propias sociedades en las que vivimos. Superior incluso al paso del tiempo. Me refiero a los conocimientos o, mejor dicho, a El Conocimiento, con mayúsculas, existentes en la Vida y en la Naturaleza.

Todo ello forma parte de otro ámbito de las cosas; cosas que se encuentran en un formato distinto, o en otro estado quizá, uno cuya forma desconozco y que además no se percibe con los sentidos tradicionales.

¿En qué estado se encuentran El Conocimiento y sus leyes?

¿Qué es El Conocimiento, de qué está hecho y dónde se encuentra para que podamos acceder a él?

¿Qué es?

El Conocimiento es una especie de cosmos que existe en nuestro mundo, un mapa de datos totalmente ajeno a las personas y a las sociedades; invisible, intocable, inmodificable, pero existente. ¿Son leyes de la vida que forman parte de su mayor escenario: la naturaleza? ¿Verdades naturales?

¿De qué está hecho?

Podemos deducir que lo que nos rodea se divide, al menos, en físico y en abstracto. Lo físico se percibe por medio de los sentidos denominados "comunes". ¿De qué está hecho lo abstracto para que sea perceptible? ¿Y El Conocimiento? ¿De algún tipo de materia? ¿Se trata simplemente de energía? ¿Podemos sentir la energía, los tipos de energía, y seguir su rastro?

¿Dónde se encuentra?

Podemos pensar que todas estas reglas, estas leyes, estas normas y comportamientos que regulan la vida están localizadas en algún sitio, un lugar - un plano de representación- donde se encuentran todos los conocimientos inherentes al mundo natural; y están escritos y reflejados en él porque, en el fondo, como es de esperar, y como todo en la vida, todos los conocimientos naturales están interrelacionados entre sí. Vivimos en un mundo que es múltiple, pero es uno. Me da por pensar, o más bien me ha parecido sentir, que El Conocimiento existe en una dimensión paralela o en otra esfera de representación. Quizá El Conocimiento, aunque influyente en lo físico, forme parte de lo abstracto, exista en él y esta estructura que aquí presento se encuentre en algún lugar de la parte abstracta de la vida, en la dimensión de El Conocimiento. ¿Dónde está El Conocimiento para que desde la propia abstracción podamos acceder a él? Pongamos que este lugar se llama *Ululu*.

¿Qué es Ululu, entonces?

Ululu es una esfera invisible perteneciente al Mundo. Ululu es otra dimensión, la dimensión de El Conocimiento.

Si El Conocimiento no es visible y lo tenemos que escribir o dibujar para hacerlo físico, para verlo nosotros, para "percibirlo" con los cinco sentidos oficiales, y no sabemos a ciencia cierta de qué está hecho, ¿cómo es que hay personas que llegan a él, que perciben o han percibido su energía? ¿Cómo se accede a algo que se

31

encuentra en otra dimensión y cómo se "ve" y se transcribe algo que, a priori, es invisible?

El descubrimiento de conocimientos ocultos es un trabajo de abstracción. Exige trabajar desde la abstracción hacia todo aquello que existe, pero permanece oculto a nuestros sentidos oficiales, que no son, claro está, todos los que tenemos.

Algunos de pronto perciben un brote de energía y lo siguen como un mosquito alimentado por ésta, como una luz que, ante su intensidad, desgasta todo lo físico, los ojos, los músculos, el cuerpo, el pelo; incluso lo psíquico: la paciencia, la atención. Desgasta todo menos el cerebro que la sigue, que se aviva.

La abstracción exige, valga la redundancia, pensamiento abstracto, o mejor dicho: capacidad de pensamiento abstracto. No sé si esa capacidad la tiene todo el mundo. Entiendo que se trabaja y se desarrolla por medio del esfuerzo y la experiencia, que, bien dicen, es un grado.

Acceder a Ululu, al mundo de los conocimientos abstractos, de El Conocimiento, sólo se llega, claro está, por medio de la abstracción. No hay que tener una gran inteligencia sino una inteligencia distinta, capaz de pensar en abstracto, pero también son necesarios instinto e intuición. Importantísimos, por no decir, vitales. Y una sensibilidad que permita percibir energía. Hay que ser, de alguna manera, sensitivo.

- **Intuición y razonamiento**

Percibimos y recibimos información por más canales que tan sólo los cinco sentidos oficiales. Eso ya lo tenemos claro.

¿Hace falta una gran inteligencia para llegar a este tipo de esfera?

Para descubrir, para investigar, no hace falta una gran inteligencia, sino una inteligencia distinta, especial, también creativa, que esté acostumbrada a ver las cosas desde otros puntos de vista, a pensar "diferente", fuera de los parámetros y perspectivas que la sociedad establece en nuestras cabezas, fuera de los límites de la mente común que todos compartimos.

El **razonamiento** es esencial en cualquier paso y proceso de la vida. Aún más en la investigación. La base del razonamiento es el pensamiento lógico. La razón está basada en la lógica. Se deduce desde ésta. El buen razonamiento se basa en la comprensión de los comportamientos lógicos. La inteligencia es la capacidad de razonar. A mayor inteligencia, mayor capacidad de razonamiento.

Creo que todo comportamiento de la naturaleza o del mundo de los humanos debe estar basado en la lógica para ser entendido. Esto nos desvela que pensar con lógica, o lo que es lo mismo, razonar, ayuda en los procesos de investigación. Pero también tengo clara, clarísima, una cosa: la importancia de la **intuición**.

En nuestra sociedad actual, tan sometida a lo físico, a lo concreto, a lo escrito, a lo visual, a las ciencias empíricas, tenemos muy infravalorada la intuición. Como si no existiese. Su labor es de vital importancia en nuestro día a día.

Imagina que vas en busca de conocimientos ocultos, "vírgenes", aún sin desvelar, y tienes que moverte dentro de "lo invisible". Está claro que, aparte de una buena capacidad de razonamiento, necesitas un arma esencial: el instinto, la intuición.

Yo la he necesitado para olerme las cosas, para seguir el rastro del conocimiento escondido a los sentidos más físicos y traducirlo en imágenes, y escribiéndolo para que estos lo recibiesen, y así poder saber qué tenían delante. He sentido la energía de "lo importante", de "lo que tiene una función". He percibido con los ojos del cerebro, que no con los del rostro, en mis dibujos, en hojas de papel que no se movían ante estos, movimientos y comportamientos invisibles pero existentes, elementos que eran los siguientes en funcionalidad, en protagonismo, deseosos, podría decirse, de ser entendidos y valorados. Los he percibido con el poder de la sensibilidad.

Me atrevo a explicar que creo haber comprendido que El Conocimiento es muy vanidoso, muy presumido, incluso narcisista. Se gusta a sí mismo. Se adora. Sabe de su importancia y de la perfección de su construcción, de lo maravillosamente enlazado que tiene todo dentro de sí. Quiere ser descubierto y quiere ser admirado. Y sí, El Conocimiento (sus comportamientos, sus interacciones, sus estructuras) es admirable. La forma de interrelación de los pequeños elementos o de las partes de una ley es perfecta. Perfecto quiere decir completo y el "todo" que controla, que gestiona una ley natural específica es entero, es una unidad completa; esto es, es perfecto.

La perfección sí existe y es el conjunto de los comportamientos de El Conocimiento. Es perfecto quizá porque proviene de la Naturaleza; y ésta es una construcción perfecta porque pertenece a la Vida, que es en sí admirablemente perfecta, aunque casi nunca nos lo parezca.

Abstracto, invisible, pero perceptible, y, por tanto, existente. Si El Conocimiento existe, está en alguna parte. ¿Qué lugar es éste? ¿Nos inventamos su nombre? Pongamos que Ululu.

- **Yo, en la línea.**

Yo accedí a todo este proceso por medio del razonamiento, construyendo desde mí. ¿Qué era yo, entonces? ¿Y dónde estaba yo en la línea? Yo encontré mi puerta a Ululu ante el cuestionamiento de mi propia sexualidad y entré a un campo de Ululu, a un territorio de éste, que es el que tiene en sí las regulaciones de ciertos aspectos de la sexualidad. Yo sólo he descubierto un poco de todo lo que hay, pero sé que en Ululu hay más, mucho más, porque está todo escrito allí. Sólo tengo que adentrarme más en Ululu para averiguar el conocimiento completo sobre todo el mundo sexual. No creo que todo el descubrimiento esté reservado a mí. Rara vez un descubridor-investigador desvela "el misterio completo".

Una vez entendida la diferencia entre "yo" y "lo establecido" (por la sociedad), el resto fue una extraña mezcla de intuición y razonamiento, con las dosis adecuadas de ambas. Fue como seguir un rastro de energía existente en lo abstracto. Así de increíble, así de real.

EL PROCESO DE CANALIZACIÓN Y EL ESQUELETO ENTERRADO

- **El proceso de canalización.**

Primera pregunta que os estaréis haciendo relacionada con el apartado anterior: ¿cómo ha podido acceder a esa información?

Segunda, referida a ésta: ¿qué es una canalización?

Una canalización es una conexión, como su propio nombre indica, a una canal. ¿A un canal de qué? A un canal de información. Debe de existir una masa de conocimiento imperante en el mundo, en algún lugar de éste, en otra dimensión, definiéndolo y conformándolo. A esa masa de conocimiento yo la llamo La Verdad. ¿Por qué la llamo así? Porque descubierto este espacio que en este libro os presento, comprendí que hay cosas, que hay realidades que por mucho que pase el tiempo, no cambian, son inmutables. El paso del tiempo y el avance de las sociedades no tienen poder de modificación sobre ellas. Por tanto, no pertenecen a esta dimensión en la que vivimos, el Espacio-Tiempo, sino que existen en otra (a la que he llamado Ululu, dimensión de El Conocimiento o dimensión de La Verdad).

La Verdad extiende sus conocimientos en canales de información, en tentáculos, en tubos o tuberías. Un cerebro humano, por medio de ese enorme poder que es la abstracción, puede conectar con uno de esos canales y, como si de un médium se tratase, extraer sus contenidos, que le van llegando, a veces poco a poco; otras, según la profundidad de inmersión en ese canal, la evasión o aislamiento de la realidad física, como un enorme torrente de información, en cascada. Extraerlos y representarlos visualmente en una hoja de papel, o todas las que hagan falta.

El proceso es difícil de creer, pero es real. Muchos científicos y creadores (escritores, músicos, ingenieros, etc.) han llegado así a sus descubrimientos, a sus inventos o a sus creaciones. Se los ha dado la Vida por medio de este proceso y ellos, como si fuesen médiums, los transcriben a los idiomas humanos para dárselos a estos y al mundo, a la realidad de lo físico, donde sólo trabajan los cinco sentidos oficiales. La experiencia de una canalización no es fácil de explicar, y aún menos de defender delante de una población acostumbrada a no entender, a juzgar, a condenar, a etiquetar. Pero las cosas son como son, no como la gente quiera o crea que son; y la Vida es mucho más profunda y misteriosa de lo que nunca alcanzaremos a saber del todo. Es inabarcable desde nosotros mismos. Es superior a nosotros y nuestro mundo, puesto que le pertenecemos.

Una canalización es una conexión desde el cerebro humano a la dimensión de La Verdad, a la masa de Conocimiento del Mundo o de la Vida, a un espacio inaccesible desde los sentidos físicos; un lugar donde todo lo que nos crea y define está conectado. A ese lugar, inventándome un nombre, lo he llamado Ululu. Para acceder a Ululu, abstracción y canalización.

- **El esqueleto enterrado.**

Mi sensación durante el proceso de desvelado, en la mezcla entre la pureza de la intuición, la canalización, y el necesario razonamiento, era la de haber encontrado un esqueleto humano enterrado en el suelo y la de ir limpiando, poco a poco, la tierra, apartándola del hueso, que era mi guía y también mi objetivo. Yo debía encontrar esa estructura física que era el esqueleto.

Di con los dedos de los pies, la *línea het-bi-hom*, y subí por los pies, despejando la arena que tapaba el hueso, descubriendo poco a poco un cuerpo que tiene una formación, una complexión. Líneas y puntos, todos relacionados dentro de una construcción. Hacia arriba, siempre hacia arriba; sacando a la luz de debajo de la tierra, o de lo invisible más bien, de la invisibilidad del desconocimiento a la luz del conocimiento, una estructura que es como un cuerpo, que tiene movimientos en él y, por lo tanto, vida. Trayéndolo a la luz de los sentidos para verlo y, posteriormente, entenderlo.

La última parte del descubrimiento, donde se encontraba la numeración principal, me dejó la sensación de estar en la caja fuerte de la información, en el cerebro del cuerpo.

Había empezado por los pies y había terminado por la cabeza. Un cuerpo descubierto. O un esqueleto. Así percibía el proceso y con eso lo asemejaba para explicármelo desde mi experiencia.

INTRODUCCIÓN

En este libro explicativo de mi descubrimiento, presento el *Espacio Het-Bi-Hom*. Será así como lo conoceremos por ahora. En un posible siguiente libro desvelaré su verdadero nombre, el que le impone la partícula dentro de la cual se encuentra, la *Partícula Apolonia*.

El *Espacio Het-Bi-Hom* es, valga la redundancia, el "espacio" en el que se encuentra todo este entramado de líneas y puntos, de elementos, de capas y alturas de conocimiento. Se trata de una estructura que explica y regula el reparto de población en siete orientaciones sexuales, todas ellas interrelacionadas entre sí.

Este libreto no expone una teoría sobre el origen de la homosexualidad, la bisexualidad ni ninguna otra orientación sexual. En la teoría de este descubrimiento no emito ni postulo ninguna opinión sobre si la orientación sexual se aprende, se crea, se potencia, se nace con ella o es fruto del ambiente y de la sociedad. Esto no hace falta decirlo porque a estas alturas ya sabemos todos – o casi todos – que se trata de genética: se nace con ella y es inmodificable.

Debemos tener en cuenta dos cosas:

1. No se trata de una investigación al uso, buscada, programada y formal, sino de un <u>descubrimiento casual</u>. No fui en busca de nada. Me olí un conocimiento oculto y buceé en aquella realidad, siguiendo una extraña energía en una situación nueva para mí con el deseo de descubrir qué era

aquello que sentía en ella, lo que escondía, la esencia de aquella existencia que percibía.

2. No es una teoría, es una <u>ley natural</u>. Existe en la naturaleza. Proviene de ella, pertenece a ésta.

Este trabajo, (no sé si de investigación, pero sí) de deducción, razonamiento, intuición e instinto, muestra y describe todo el proceso de desvelado de esta ley natural mostrando el comportamiento de sus elementos.

En él encontraremos los primeros pasos en la intuición, en la creencia de que había "algo" más por descubrir; la coincidencia con la línea desarrollada por Alfred Kinsey, considerado *el padre de la revolución sexual*, y el posterior vuelo libre del descubrimiento de esta estructura de conocimiento, la sensación de que parecía como desempolvar un esqueleto soterrado. También asistiremos a la explicación del reparto de población en cada orientación sexual y a la exposición del porcentaje de cada una.

Decidí escribirlo siguiendo mi propio proceso para que, desde la subjetividad de mi experiencia, el lector entienda mejor el proceso y el contenido de esta ley.

Creo conveniente que, en este primer momento, os acerquéis a la teoría, a los datos, siguiendo mi mismo proceso de descubrimiento. Os invito a pasar.

Primera parte

¡ES UNA LÍNEA DE GRADACIÓN!

✓ **Primera introducción.**

Desde hacía tiempo, mi cabeza, que a veces parece tener vida propia, situaba a las tres orientaciones sexuales conocidas en una línea. Era un conocimiento que había llegado por sí solo, sin que yo hubiese realizado un proceso de razonamiento que me hiciese llegar a él. No recuerdo haberlo hecho.

En mi mente tenía una línea interior donde ubicaba a las tres orientaciones sexuales conocidas por mí: homosexualidad, bisexualidad, heterosexualidad. Era una línea de interrelación.

Organizaba a las tres orientaciones en una línea: sexo opuesto, ambos, mismo sexo. Así de simple y así de estructurado. En una de esas tres posiciones estaba la gente.

Entendía, asimismo, que una persona **bisexual** era al mismo tiempo **homosexual** y **heterosexual**.

También caí en la cuenta, o percibí, no recuerdo cómo, de que, a pesar de tener orientaciones sexuales creídamente marcadas, las tres mencionadas, muchas personas no se quedaban estáticas en esas orientaciones sexuales, cualquiera que fuese la suya, sino que a veces se movían más hacia la homosexualidad o más hacia la heterosexualidad. Al comprender la posible existencia de este movimiento lineal lo llamé "movimiento en la línea".

Partí de la "creencia social" de que una persona bisexual es aquella a la que le atraen por igual tanto las personas de su mismo sexo como las del opuesto y que esta atracción ocurre con un cincuenta por ciento de atracción hacia cada uno de ellos. Pronto comprendí que no era así, que había otras orientaciones sexuales y que una persona había llegado a esta idea setenta años antes que yo: Alfred Kinsey.

Esa primera línea de interrelación me llevó a otra; y ahí comenzó el descubrimiento de este espacio: el *Espacio Het-Bi-Hom*.

Te invito a participar de mi descubrimiento. Adelante.

El descubrimiento de…
…la *línea het-bi-hom*.

✓ **La concepción social de las orientaciones sexuales.**

La concepción social que tenemos de las orientaciones sexuales ha ido cambiando rápidamente en las últimas décadas. Hace dos décadas, en España, pasamos de una idea común existente en la sociedad que parecía contemplar casi únicamente a la heterosexualidad a una concepción binaria de las orientaciones: existían la heterosexualidad y la homosexualidad.

Hoy en día, lo que yo llamo *la voz de la sociedad* parece hablar (o hablarnos) de tres orientaciones sexuales: heterosexualidad, homosexualidad y bisexualidad, considerando a la primera como mayoritaria, dominante y plenamente adecuada; a la segunda como aceptable o no, permisible o no, e, incluso, normal; según a quien preguntemos. La tercera suele venir acompañada de adjetivos tales como: indecente, viciosa, etc., o cualquier otro apelativo degradante procedente de la ignorancia. Esta concepción de la bisexualidad, afortunadamente, también está desapareciendo poco a poco.

Desde esta concepción "trinaria" comencé a entender el ordenamiento de las orientaciones sexuales, pero

46

también, importante, a cuestionar si sólo eran tres las orientaciones de la sexualidad humana, perteneciente a la naturaleza de los humanos, o si quizá había otras.

Preguntémonos: ¿son sólo tres las orientaciones sexuales que existen en la naturaleza humana o hay más?

✓ **La Santísima Trinidad de la sexualidad o la concepción "trinaria" de las orientaciones sexuales: heterosexualidad, bisexualidad, homosexualidad.**

Desde hacía mucho tiempo comprendía dos aspectos sobre las tres orientaciones principales ya mencionadas (heterosexualidad, bisexualidad y homosexualidad):

1. El primero es que la **bisexualidad** está conformada a su vez por homosexualidad y heterosexualidad; es decir, una persona bisexual siente deseo, atracción, romanticismo... hacia ambos sexos, hacia el mismo (homosexualidad) y hacia el opuesto (heterosexualidad); por lo que una persona bisexual es a la vez heterosexual y homosexual. La bisexualidad es la suma de heterosexualidad más homosexualidad.

Por tanto, a estas dos orientaciones podíamos encontrarlas en dos formas:

- Como sujetos independientes: la heterosexualidad y la homosexualidad siendo la orientación sexual de una persona.

-   Dentro de una sola orientación, coexistiendo dentro de ésta: la bisexualidad.

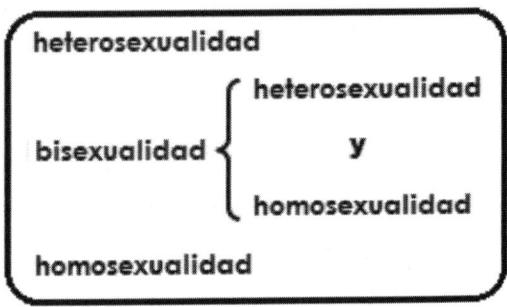

2. Por el hecho de que una persona bisexual podía moverse hacia la heterosexualidad o hacia la homosexualidad en sus relaciones afectivas y sexuales, mentalmente me representaba a estas tres orientaciones en una línea.

Éste es el segundo aspecto: la representación en la línea. Lo que aún no sabía es que en verdad sí están <u>situadas en una línea</u>. A esta primera línea la llamé *línea het-bi-hom*, y será el comienzo de todo el desvelado de la teoría.

Heterosexualidad y homosexualidad ocupaban y ocupan los extremos de esa línea. La bisexualidad, en el centro, con "camino" hacia ambas orientaciones.

En un principio, al descubrir toda la estructura, pensé que todo este entramado de líneas era propiedad de esta línea que acabo de describir. Por esa razón llamé a esta "teoría" *Línea Het-Bi-Hom*.

Más tarde, al final, entendí que esta *línea het-bi-hom* era sólo un elemento más de toda la estructura, el pilar de la misma. En realidad, se trataba de un espacio: el Espacio Het-Bi-Hom.

Estamos, por tanto, en la base, en el inicio de toda una extraña construcción. Adentrémonos.

El descubrimiento de…

…la *línea base* y la *línea de gradación*.

✓ **La línea base y mi propia idea de excepción.**

Yo solía pensar sobre mí mismo: "por decir cifras, de cada diez personas que me llaman la atención, nueve son chicos y una, chica".

Aun así, yo no entendía que yo tuviese otra orientación que no fuese la homosexualidad, anclado como estaba - y convencido – en la idea de que únicamente se podía estar en una de esas tres orientaciones sexuales y que, además, éstas eran absolutas. Mi percepción de la realidad estaba constreñida a las estructuras de pensamiento que la sociedad tenía (y tiene) para las orientaciones sexuales. Mi mente sometida a los parámetros de la mente común.

Inconscientemente completaba mi explicación interna acudiendo a la *idea de "excepción"*. Así nombré a la situación en la que, si alguna chica me llamada la atención, se trataba de una excepción a mi orientación. Y todo quedaba dentro de "lo explicable".

Hasta hace poco yo creía que la homosexualidad y la heterosexualidad eran términos absolutos y el hecho de que una persona sintiese cualquier tipo de atracción hacia otro individuo que supusiese un "movimiento" distinto a esa orientación sexual, yo lo entendía como "perfectamente posible", pero de "caso de excepción" en la sexualidad de esa persona.

Tiempo después entendí que la atracción hacia una persona que no entra dentro de lo que entendemos como "nuestra sexualidad" **no es un caso de excepción a la orientación de esa persona, todo lo contrario, de normalidad; nos habla de ésta, nos da información.**

Hoy en día lo tengo claro: **no existen las excepciones.** Si te llama la atención alguien que no entra en el concepto de la que tú crees que es tu orientación sexual, no es que esa persona sea una excepción, es que tu orientación sexual no es la que piensas.

CASO 1. Una chica maravillosa y especial.

Los esquemas me los rompió alguien del sexo opuesto, está claro.

Entre las personas que me llamaban la atención, aparte de chicos, también había una chica. Ésta lo tenía todo: guapa, esbelta, disciplinada y, ante todo, inteligente, sencilla y buena persona. Con tantas virtudes y cualidades era difícil no fijarse en ella.

Esta atracción (sí, digo atracción, aunque no concrete si es sexual, afectiva, romántica o cuál) fue lo suficientemente duradera en el tiempo como para que, un día, de pronto, conexionasen varias ideas, se alinearan los planetas y se crease en mí un interrogante: ¿y si…? Junto con el caso siguiente, ella rompió mis estructuras de pensamiento y me hizo entender que había más mundo por descubrir y vida en el interior de la línea. Sirvió de fricción en estas estructuras, una grieta en las mismas.

Recordemos que yo ya concebía que las tres principales orientaciones sexuales estaban reflejadas en una línea de interrelación: la línea de heterosexualidad, bisexualidad y homosexualidad o *línea het-bi-hom*.

CASO 2. Un comentario en Internet.

Y hubo otro caso que me llamó mucho la atención y junto con el anterior hizo que me preguntase sobre el verdadero contenido de la línea: un comentario en Internet de un chico que decía ser heterosexual pero que llevaba tiempo queriendo "probar" con alguien del mismo sexo, es decir, tener relaciones con otros chicos. La frase que leí se quedó buceando por la pecera, por mi cabeza:

"Soy heterosexual, pero hace tiempo que quiero probar con alguien del mismo sexo".

Con el tiempo, entendí por qué esa frase me había llamado la atención y se había quedado en mi cabeza. Un día, de pronto, esas palabras, que parecían flotar por mi cabeza como si ésta fuese una pecera, tocaron tierra, maduraron, hicieron conexión y entendí por qué esa frase en cuestión se había conservado en una especie de limbo mental en lugar de olvidarse.

La oración tenía dos mitades: <<soy heterosexual>> y <<quiero probar con alguien del mismo sexo>>, es decir, tener una experiencia homosexual.

Eso era lo que me llamaba la atención. Los significados de ambas mitades no sólo eran distintos, sino que eran opuestos. No tenía sentido. ¿Cómo iba ese chico a ser heterosexual y al mismo tiempo desear tener una relación homosexual?

Y ahí llegué a una conclusión que supuso el "disparo de inicio", que me imbuyó en un estado de consciencia y pensamiento, que me adentró en la profundidad de la *línea het-bi-hom* y horadar en los estratos del conocimiento oculto pero existente. Y pensé: si realmente fuera sólo heterosexual, heterosexual en el sentido que se nos ha explicado, el que dice "la totalidad, el cien por cien de las personas que me atraen son del género opuesto", no despertaría en él el deseo, la llama, de querer vivir experiencias con personas de su mismo sexo. Podría llegar al pensamiento o a la sensación de estar perdiéndose algo, pero se quedaría en eso. No desearía pasar a la parte práctica. Esto segundo es algo demasiado instintivo como para ser sólo pensamiento. Era su naturaleza. <u>Eso quería decir que no era sólo heterosexual (al cien por cien) y que tampoco era bisexual porque no le atraían mujeres y hombres a partes iguales.</u>

Mi propio caso volvió a la zona de razonamiento de mi cabeza y recordé a las chicas que me habían llamado la atención de forma romántica o sexual, y volvió la chica maravillosa y especial a mi cabeza, la que despertó mi interrogante. Mi concepción de mi propia sexualidad, por segunda vez en mi vida, volvió a tambalearse.

¿Qué era yo, entonces? Si me atrae una chica, no era homosexual porque he entendido, y así nos lo han dicho siempre, que ser homosexual es que sólo te atraen las personas del mismo sexo, pero tampoco era bisexual porque ser bisexual conlleva sentir atracción hacia ambos sexos por igual.

Relacionado con lo anterior también recordé un término que había leído en alguna parte: *heteroflexibilidad*.

¿Qué es ser heteroflexible?, me pregunté yo. Y, obviamente, al encontrar este término, le quité la parte "hetero" y la cambié por "homo". ¿Existirá la palabra *homoflexibilidad*? ¿Podríamos hablar de homoflexibilidad? Aún no sabía que ambos términos habían sido empleados ya en un estudio muy anterior realizado por otra persona (Alfred Kinsey, a quien mencionaré más adelante en la explicación de la teoría).

Entendí que no toda la vida sexual y afectiva se limitaba a los tres puntos dibujados en la línea, y que ni la persona del comentario de Internet ni yo mismo nos encontrábamos en ellos. Pensé: ¿Y si el chico no estaba en la heterosexualidad sino en un punto muy próximo a ésta? ¿Y si, de la misma manera, yo no me encontraba en la homosexualidad, sino en algún lugar cerca de este punto, entre la bisexualidad y la homosexualidad? ¿Cómo sería esto? ¿Sería bisexualidad o lo podríamos llamar "mayormente homosexual" y "mayormente heterosexual"? ¿Habría otros puntos con población dentro de la línea? Y me expliqué a mí mismo: al fin y al cabo, y esto es importante, las tres orientaciones descritas estaban localizadas en tres puntos exactos y debemos recordar que una línea es una sucesión de puntos. **¿Es posible que hubiese vida en el resto de la línea, que hubiese otros puntos de información y no sólo estos tres? ¿Cómo sería el <u>interior</u> de ésta?** Y lo que era más importante, y ésta fue la pregunta que concretó todo este pensamiento: **¿cómo se mediría la <u>vida interior</u> de la línea?**

✓ **Algo más en la línea.**

Tracé la *línea het-bi-hom* con tres rayas grandes representando a las tres orientaciones principales y otros trazos menores cerca de la homosexualidad que yo mismo había realizado simbolizando mis posibles localizaciones y también otras próximas a la heterosexualidad tanteando la posible posición del chico del comentario de Internet. Inevitablemente, relacioné el dibujo con una <u>regla escolar</u>. Los centímetros se me equiparaban a las tres orientaciones conocidas y los milímetros a lo que yo llamaba "vida interior de la línea". Dibujé aquello con lo que mi mente equiparaba la línea base, una regla escolar, acercándome a lo desconocido desde lo conocido, explicándomelo instintivamente desde ahí para tener una agarradera con la que asomarme a aquello que aún no podía ver.

Comencé a intuir algo fuerte, un pulso de vida; sentí la existencia de algo en un mero dibujo y me hice la pregunta como si se tratara del titular de un artículo: **¿Y si pudiéramos medir la orientación sexual de una persona en milímetros?** ¿En qué milímetro estarías tú?

Desde ese dibujo intenté explicar la teoría (que comenzaba a intuir) que derivaba del interrogante, pero no encontré ninguna conexión ni relación entre la regla y la línea. Obviamente, tampoco la podía encontrar: los números de la regla no eran los números de la línea. Un dibujo con información equivocada puede desvirtuarte la percepción. La representación, para que nos sirva de visión, debe ser acertada.

Me quedé dos semanas en suspensión.

✓ **La unidad de medida, la gradación y la línea de gradación.**

Tras aquellas dos semanas donde me quedé estancado, en las que no supe comprender la línea que tenía delante, en uno de esos procesos en los que la cabeza piensa sin que apenas se le pida que lo haga, cuando reflexionaba tanto consciente como inconscientemente sobre cómo se organizaría el interior de la línea, cuántas pequeñas "marcas" habría dentro (los milímetros) y cuál sería la unidad de medida encargada de la organización interna de la línea y, por tanto, de la interrelación entre orientaciones, de pronto, la encontré.

¡Claro! ¡Yo no era sólo homosexual porque no me atraían exclusivamente los chicos! Y no era bisexual, y aquí fue donde lo comprendí, ¡porque no me atraían los dos sexos por igual! Y ahí estaba la clave: por igual. Pero si lo había estado pensando todo el tiempo, expresándolo así, y no había comprendido la información de esas dos palabras. ¿Qué significa "por igual"? Mitad y mitad; 50% chicos, 50% chicas. ¡Eso era: 50 %! ¡Por ciento!

Lo había estado escribiendo, pero sin entender su significado. Lo que indicaban los términos absolutos de la línea, es decir, las tres orientaciones creídas como únicas, era el tanto por ciento. El porcentaje de atracción. ¿De atracción hacia qué? Hacia el mismo sexo, el opuesto o ambos. ¿Ambos por igual? Por igual exclusivamente en el centro mismo de la línea, que era el 50%, la bisexualidad, a la que llamaría "absoluta"; el resto de la línea era de una bisexualidad (o, mejor dicho, polisexualidad) con desigualdad de atracción.

¡Lo había tenido delante de las narices todo el tiempo y no lo había sabido ver! ¡Había estado pensando en el "tanto por ciento de atracción" pero no había sabido traducírmelo, explicármelo, ni tampoco entender la magnitud de lo que significaba!

Sabiendo eso, y ya tenía dibujados unos teóricos cien por cien de heterosexualidad, cincuenta-cincuenta en la bisexualidad y nuevamente cien por cien de homosexualidad, sólo tuve que rellenar la línea con los números intermedios, del 50 al 100, en una dirección y en otra:

sesenta, setenta, ochenta, noventa; en el medio, setenta y cinco. Un punto intermedio y dos mitades.

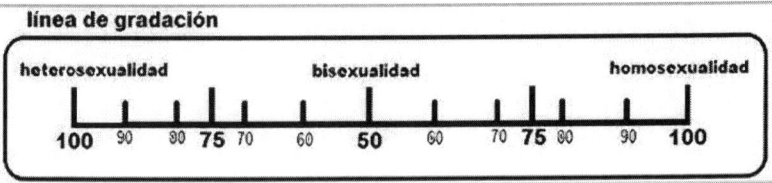

El setenta y cinco sería el punto centro de cada sublínea.

Enseguida entendí que las tres orientaciones que se encontraban visibles en la línea desde el principio eran "términos absolutos" ya que exigían un cien por cien de atracción o un cincuenta en el caso de la bisexualidad (que es atracción hacia ambos sexos en "absoluta" igualdad). Por esta razón las denominé **absolutas**: heterosexualidad absoluta, bisexualidad absoluta y homosexualidad absoluta.

El descubrimiento de…

…la existencia de Kinsey.

Recuerdo que este descubrimiento fue un sábado por la tarde. Junto a la *línea de gradación*, descubrí otro conocimiento que no voy a mencionar.

Una vez desarrollada la *línea de gradación* y entendido que, sobre ella o en ella, se reflejaban orientaciones sexuales, pensé: "no es posible que esto no lo haya descubierto nadie hasta ahora".

Tuve la sensación de que algo, aunque oculto, tan claro y lógico, tenía que haber sido ya entendido por alguien. No podía ser de otra manera.

Al escribir en Google "grados de bisexualidad", me apareció un nombre: **Alfred Kinsey**.

Kinsey fue un biólogo y entomólogo estadounidense que desarrolló, o quizá más bien comprendió, en los años cuarenta y cincuenta, esta misma línea de las orientaciones sexuales afirmando, como yo mismo, que nuestra sexualidad está sometida a la unidad de porcentaje de atracción. Es decir, lo mismo que hice yo, pero sesenta o setenta años antes. Coincidimos incluso en colocar a la heterosexualidad en la derecha de la propia línea y a la homosexualidad en su izquierda. ¿Será que somos heteronormativos y colocamos primero la heterosexualidad en el orden de escritura occidental; "normalidad" en la heterosexualidad y "normalidad" en el orden de escritura?

✓ **Los datos de Kinsey.**

Tras eso, este señor realizó más de quince mil entrevistas en su país sobre la sexualidad de las personas entrevistadas con cuyos datos y conclusiones (fiables o no) desmontó parte de la sociedad estadounidense de su época en lo que a materia sexual se refiere.

Llevó a cabo sus entrevistas utilizando lo que se llama La Escala Kinsey en la que numeró las orientaciones sexuales desde el 0 o *exclusivamente heterosexual*, con sus palabras, al 6, *exclusivamente homosexual*.

0. Exclusivamente heterosexual.
1. Predominantemente heterosexual y sólo incidentalmente homosexual.
2. Predominantemente heterosexual y con experiencias homosexuales más que incidentales.
3. Igualmente heterosexual y homosexual.
4. Predominantemente homosexual y con experiencias heterosexuales más que incidentales.
5. Predominantemente homosexual y sólo incidentalmente heterosexual.
6. Exclusivamente homosexual.

Los datos de Kinsey sirvieron mayormente para comenzar un muy necesario cambio en la sociedad de su tiempo, una sociedad en la que se creía que la grandísima mayoría de la población era únicamente heterosexual. Eso decía la dictadura social alimentada y mantenida por el miedo y la ignorancia, por la sociedad victoriana y por las películas de Hollywood.

Los datos recabados con sus entrevistas le dijeron que sólo el cincuenta por ciento de los hombres entrevistados y más del sesenta por ciento de las mujeres cumplían con la creencia social de la heterosexualidad como exclusividad. El resto se dividían a lo largo de la línea. Respecto a la homosexualidad exclusiva, como él la llamó, el diez por ciento de los hombres y el seis por ciento de las mujeres se reconocían en ese grupo sexual.

Yo no considero válidos los resultados de Kinsey. Opino que no son veraces. En las encuestas, las personas pueden mentir o las preguntas pueden estar desarrolladas de tal forma que lleven a conclusiones incorrectas o incompletas. Desde el momento en que una persona de identidad sexual desconocida, pero de vida familiar y social heterosexual tiene que informar sobre su afectividad y sexualidad, por mucha intimidad que una encuesta o una entrevista le conceda, es probable que esa persona sienta que deja de haber privacidad, que se rompe el silencio con el que envuelve "su secreto", por lo que habrá cierta inclinación a no contar toda la verdad.

Según he leído, en sus entrevistas Kinsey preguntaba sobre las **experiencias**, no sobre las fantasías o los deseos; aunque no sé si es cierto o no. De ser así, creo que es un error. Hay que partir de los deseos, que son los que no están sometidos a las leyes represivas de la sociedad.

Contemplando sus conclusiones y comparándolas con las de mi teoría, las cuales las mostraré al final de este libro, **opino que los datos de Kinsey son incorrectos**. Aún así, aplaudo su instinto agudo, su indudable inteligencia, su actitud de duda ante las formas sociales de su época, el entender que el trasfondo sexual era diferente a lo expresado en su sociedad y por su sociedad, e intentar descubrir la verdadera realidad. Su valor de cuestionar lo impuesto por su tiempo y enfrentarse a lo establecido en su deseo de encontrar la verdad es ejemplarizante.

✓ **Kinsey y yo.**

Vayamos a las coincidencias y las diferencias entre el trabajo de Kinsey y mi descubrimiento.

Coincidimos en la defensa de que existen siete orientaciones sexuales reguladas por la línea y los grados de ésta. Desde mi punto de vista, la teoría de Kinsey, por lo menos hasta este apartado, es acertada. Por tanto, yo mismo aprovecho también los distintos grupos creados por él.

Vayamos a las diferencias.

Mientras yo otorgo el apelativo de **"absoluta"** a las homosexualidad, heterosexualidad y bisexualidad totales, Kinsey se refiere a ellas como **"exclusivamente** homosexual", "exclusivamente heterosexual" y "exclusivamente bisexual". La **diferenciación de términos** no ofrece mayor disparidad.

Estoy de acuerdo en emplear *exclusivamente heterosexual* o *exclusivamente homosexual,* pero no en decir *exclusivamente bisexual,* porque las cuatro orientaciones flexibles, desde mi punto de vista, también forman parte de la bisexualidad (o polisexualidad), con lo cual, prefiero decir *bisexualidad absoluta,* que es la que entendemos con un cincuenta por ciento de atracción hacia cada sexo.

Como vemos, Kinsey ya empleó y desarrolló los términos *heteroflexible,* que es el término con el que ya empecé a dudar de las tres orientaciones monolíticas, y *homoflexible.*

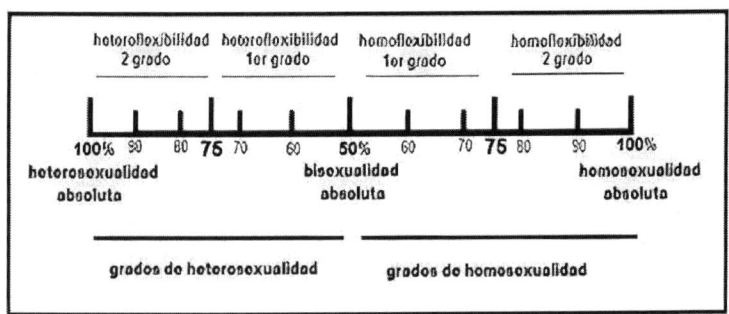

La asexualidad.

Además, Kinsey también describió otra orientación más, puesto que también atiende al porcentaje de atracción. Se trata de la **asexualidad.** Las personas asexuales no sienten atracción sexual hacia otras personas. La asexualidad no se encuentra en la línea ya que el porcentaje de atracción de esta orientación sexual es el cero por ciento, y la *línea het-bi-hom* expresa siempre un porcentaje de atracción del 100% (entre grados oficiales y complementarios-restantes) dividido en atracción hacia los dos sexos o hacia uno solo. Por esa razón, no entrará en mi teoría. Esta orientación no se encuentra reflejada en la *línea het-bi-hom* y, por lo tanto, no está dentro del *Espacio Het-Bi-Hom.*

✓ **Las orientaciones sexuales. De tres a siete.**

Los dos 75% crearon cuatro orientaciones sexuales más. Kinsey, acertadamente desde mi punto de vista, entendió ambos grados como "separadores", diferenciadores y comprendió o describió cuatro orientaciones sexuales relacionadas con estos: las **heteroflexibilidades** de primer y segundo grado y las **homoflexibilidades** de primer y segundo grado. Ya van siete orientaciones sexuales.

Hemos pasado de tres orientaciones sexuales a siete, del número cristiano y la falsa exclusividad heterosexual de las sociedades monoteístas provenientes de las religiones abrahámicas al siete, el número romano, la bisexualidad social (o polisexualidad) de Roma, proveniente de la Antigua Grecia. ¿Eran más evolucionados en este aspecto los griegos y los romanos o simplemente no se inventaron mundos paralelos, realidades inexistentes?

He de decir que yo, justo tras desarrollar-dibujar la línea de gradación, percibí un "aviso" de que los dos 75% eran una especie de mitad divisoria, pero al comprender que esta línea era tan lógica que a esas alturas ya debía haber sido descubierta, la prisa que me di en buscar en

Internet si ya había sido desarrollada y el saber de Alfred Kinsey, no me dejaron el tiempo que se necesita para desvelar por ti mismo lo que tienes enfrente. Me habría gustado ser yo quien lo descubriera, aunque fuera únicamente para mi propia superación, pero fue así como se dio.

- **Descripción de las siete orientaciones sexuales.**

A continuación doy mi definición de las siete orientaciones sexuales de la *línea het-bi-hom*. En borradores anteriores a este libreto había incluido las definiciones que Alfred Kinsey desarrolló en su día, pero decidí no hacerlo por tres razones:

1. No son de mi propiedad, sino suyas.

2. Éste no es un libro explicativo sobre el trabajo de Kinsey, sino sobre el mío. Otra cosa es que mi descubrimiento me haya hecho coincidir con él.

3. No estoy de acuerdo con todas las definiciones de Kinsey, ya que sus definiciones se basan, no en el entendimiento analítico y objetivo del funcionamiento de la línea, y no llegadas de un proceso de canalización, sino en información derivada de sus entrevistas. Ello, aparte de poder estar condicionado por la falsedad de la mentira, de la falta de completa verdad o de la ignorancia, nos reduce a lo proveniente de las experiencias sexuales de las personas, no a la objetividad de la línea, lo cual "reduce" todo el campo a las experiencias de aquellas personas que se atrevieron a tener relaciones no-heterosexuales eliminando el "mundo interior" de la gente, donde se encuentra la verdad de la naturaleza afectivo-sexual humana, la que

depende del grado de libertad existente en la sociedad.

A continuación, mis definiciones:

Heterosexualidad absoluta: permite exclusivamente la atracción afectiva-sexual hacia personas del sexo opuesto. A día de hoy, debido a los cánones e ideas de la sociedad en la que todavía vivimos creada desde la heteronormatividad, a las personas heterosexuales les cuesta comprender la existencia de las otras orientaciones sexuales y entenderlas como normales. Lo que explico y defiendo en este libro no lo aceptarán.

Heteroflexibilidad de segundo grado. Atracción mayoritaria, a veces casi exclusiva, hacia las personas del sexo opuesto. Puede darse el caso de que, debido al heterocentrismo de nuestra sociedad, haya personas heteroflexibles de segundo grado que hayan sentido atracción hacia personas del mismo sexo y su mente lo haya traducido como admiración, amistad, etc., y no como deseo sexual o enamoramiento.

Heteroflexibilidad de primer grado. Atracción mayoritaria hacia las personas del sexo opuesto y leve hacia las del mismo. Las personas flexibles de primer grado "ya no tienen escapatoria", es decir, antes o después van a comprender que les atrae su mismo sexo, aunque sea con menor probabilidad. No pueden caer en la confusión de los heteroflexibles de segundo grado.

Bisexualidad (absoluta). Bisexuales son aquellas personas a quienes atraen ambos géneros por igual, sin inclinación, dentro de la objetividad, por ninguno de ellos.

Homoflexibilidad de primer grado. A los homoflexibles de primer grado, al igual que a sus "gemelos", los heteroflexibles de primer grado, les atrae levemente más un sexo que el otro, en este caso, aquellas personas de su mismo género.

Homoflexibilidad de segundo grado. Esta orientación exige mayor grado de atracción afectivo-sexual hacia las personas del mismo sexo. Puede ir desde un 75% a un 99%. En este caso último, al igual que en la heteroflexibilidad de segundo grado, a estas personas les costará saber si son flexibles o absolutos.

Homosexualidad absoluta. También llamada sólo homosexualidad, como a la heterosexualidad y bisexualidad no hace falta colocarles el adjetivo "absolutas". Esta orientación únicamente permite la atracción hacia las personas del mismo sexo (aunque debería decir género).

✓ **Las dos mitades de la línea y los grados de éstas.**

Como vemos, la línea tiene dos mitades: una nos lleva a la *heterosexualidad absoluta* y la otra, a la *homosexualidad absoluta*.

Llamé a las dos mitades de dos maneras: *Mitad heterosexual* o *mitad he (hache "e")*, donde los grados son de heterosexualidad, y *mitad homosexual* o *mitad ho (hache "o")*, aquella en la que los porcentajes se refieren a la homosexualidad.

Los porcentajes se llaman grados y según en qué mitad se encuentren, nos referiremos a ellos como *grados de heterosexualidad* y *grados de homosexualidad*.

✓ **Dos sub-líneas para dos mitades.**

Después entendí que faltaban por mostrar los grados que quedaban hasta el 100% total de atracción afectivo-sexual que es parte de la naturaleza de las líneas.

¿Qué quiere decir? En lo que se refiere a mi orientación deduje o entendí que si yo me encontraba en un 85-90% de homosexualidad, aún tenía un 15-10% que completar; y eso pertenecía a la parte contraria: la heterosexualidad.

Con otro ejemplo: si nos encontramos en un 60% de heterosexualidad (*mitad he*), entendemos que aún tenemos un 40% hasta completar el 100%. Y ello nos habla de que dentro de la línea unos grados complementan a los otros. En este caso, los grados de homosexualidad completan el 100% de atracción afectivo-sexual.

Homosexualidad y heterosexualidad se complementan.

Debido a que comprendí que había unos grados visibles, que iban del 50% al 100%, y otros invisibles (los complementarios), que siempre transcurrían entre el 0% y el 50%, en ese proceso en el que se mezclan la intuición y la razón dibujé dos sub-líneas próximas a cada mitad. En realidad, esas dos sub-líneas son una sola, que nos muestra el porcentaje restante de la orientación que sirve para completar el 100% de grados de atracción. Las llamé: *línea de homosexualidad restante en la mitad heterosexual* y *línea de heterosexualidad restante en la mitad homosexual*.

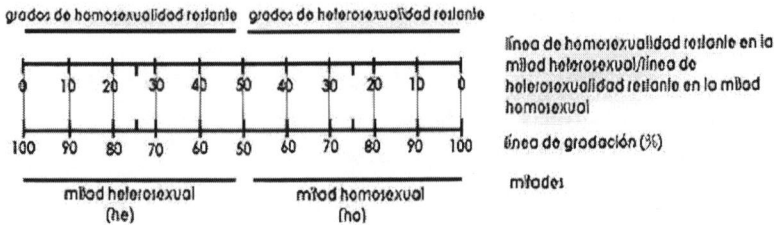

grados de homosexualidad restante   grados de heterosexualidad restante

línea de homosexualidad restante en la mitad heterosexual/línea de heterosexualidad restante en la mitad homosexual

línea de gradación (%)

mitades

0	10	20	30	40	50	40	30	20	10	0
100	90	80	70	60	50	60	70	80	90	100

mitad heterosexual (he)   mitad homosexual (ho)

La que he llamado *línea de gradación* nos muestra un intervalo del 50% al 100% en sus dos mitades. Todos los números están por encima del cincuenta. Son *grados mayores* u *oficiales*. El sexo que se refleja en cada mitad de esta línea recibe mayor gradación que el que no queda reflejado.

Junto a ésta que tiene en ella grados visibles (los oficiales) entiendo la existencia de otra recta, con grados invisibles (o complementarios) que representa la segunda parte de esta atracción, es decir, cuando el sexo reflejado en las mitades de la línea se queda con el porcentaje de atracción menor o con los *grados menores* a los que oficialmente he llamado *grados restantes* o *complementarios*. Esta forma me parece más adecuada. La he llamado *línea de grados menores* o *línea de gradación restante*.

Descubramos la línea de grados restantes o complementarios.

✓ **La línea de gradación restante.**

Es decir, en teoría todos completamos un cien por cien de gradación de atracción, tanto afectiva como sexual. Puede ser hacia un solo sexo o monosexualidad (mismo sexo –homosexualidad absoluta -, sexo opuesto – heterosexualidad absoluta -) o hacia ambos sexos o polisexualidad (bisexualidad absoluta, las cuatro flexibilidades).

Como podemos entender, las dos orientaciones más absolutas (heterosexualidad absoluta y homosexualidad absoluta), al ser exclusivas, no ofrecen posibilidad de sentir atracción hacia el sexo no especificado en esa orientación: la heterosexualidad absoluta no lo hace hacia el mismo sexo y lo mismo la homosexualidad absoluta hacia el opuesto. Esto es porque su porcentaje de atracción es de un 100% en sus grados mayores u oficiales. No así las otras cinco orientaciones, que se mueven en un margen de bisexualidad o polisexualidad en el que hay gradación para ambos sexos, para el mismo y para el contrario. Esa gradación puede ser de igual porcentaje (como es el caso de la bisexualidad absoluta, que permite 50% de atracción hacia el sexo opuesto y 50% hacia el mismo) o de distinto (las cuatro flexibilidades no permiten un nivel equitativo de atracción hacia ambos sexos, sino que uno de estos recibe más porcentaje de atracción que el otro).

Las dos orientaciones más absolutas, heterosexualidad absoluta y homosexualidad absoluta, también están incluidas en ella, ya que, el sexo reflejado en la mitad correspondiente de la *línea de gradación restante* recibe un 0% de atracción, número que también forma parte de la *línea de gradación restante*.

Podemos decir que las dos líneas restantes complementan a las dos mitades de la línea de gradación de grados mayores.

¿Es la línea de grados restantes inferior a la de grados mayores? No, en absoluto. Que contenga en ella grados menores o complementarios no la hace inferior, sino simplemente de menor probabilidad de atracción hacia ese sexo. No es inferior, es complementaria a ésta. Ambas son necesarias para completar el cien por cien de grados de atracción de una persona. Podemos decir que ambos tipos de grados tienen la misma calidad o la misma validez a pesar de la diferencia numérica.

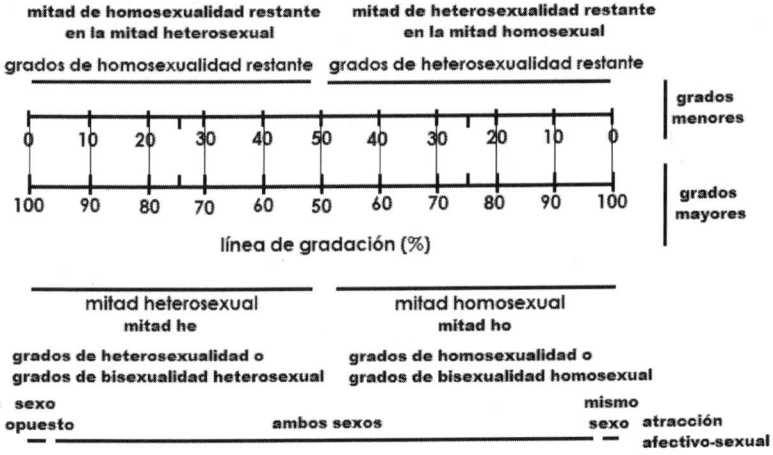

Resumen: entendí, y entendemos, que hay unos grados principales y otros, digamos, secundarios. A los primeros los llamé *grados oficiales* (del 50% al 100%). A los segundos, *restantes*, *menores* o mejor, *grados complementarios*. Ello no quiere decir que los *mayores* sean más importantes que los menores o restantes, ya que estos son de igual importancia, pues sirven para completar el 100% de capacidad de atracción de una persona. No son iguales en probabilidad, ya que los *grados oficiales*, que expresan mayor porcentaje, tendrán mayor probabilidad de ocurrir, de que se dé la atracción que ellos regulan e imponen. Pero la importancia es la misma.

✓ **Expresar el interior de la línea**

¿Cómo lo expresamos en palabras?

Imaginando a una persona que se encuentra en el 70% de la mitad homosexual, si es que fuese posible, que no lo sé, un nivel tan exacto de especificación, ¿cómo expresarlo?

Por ejemplo:

-   Soy bisexual (o polisexual) con un setenta por ciento de homosexualidad.

-   Soy homosexual en un setenta por ciento de los casos.

-   Tengo un setenta por ciento de homosexualidad y un treinta de heterosexualidad.

-   El 70% de mis atracciones son hacia el mismo sexo y el 30%, hacia personas del sexo opuesto.

¿Cómo quedaría el dibujo, por ahora? ¿Recordamos que he mencionado que tengo la sensación de que es un cuerpo que desentierro? ¿Cómo es la estructura que voy desenterrando?

El dibujo sería así:

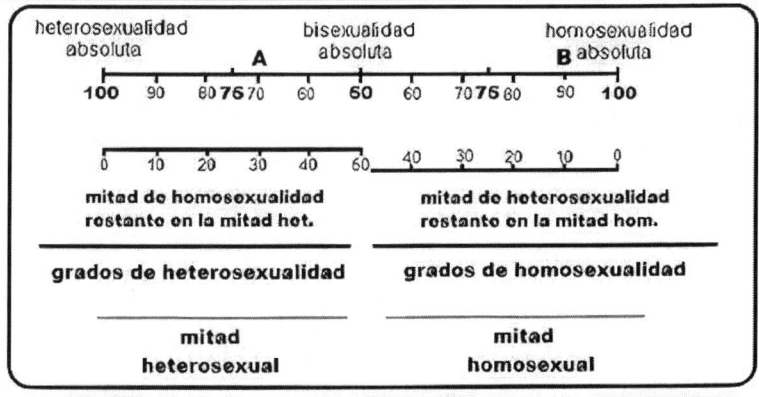

Aprovechemos esta imagen. Tenemos dos puntos marcados: A y B. Son dos personas. Están colocadas en la línea.

A. Es heterosexual en un 70% de los casos y homosexual en un 30%.

B. Es mayormente homosexual. Un 90% de homosexualidad y un 10% de heterosexualidad.

Este tipo de especificación en la sexualidad de una persona es excesiva, una exactitud que no sé si es posible, pero únicamente quería remarcar la relación entre ambos tipos de líneas.

✓ **Localizarse en la línea.**

Estoy convencido de que no es conveniente para una persona que ésta intente localizarse en un mero punto de la línea e inyecte esa idea en su psicología, en el autoconcepto de su propia orientación sexual y afectiva, sino que es más conveniente entenderse dentro de un grupo entero. Esto permite a cada persona no colocarse límites demasiado estrechos y tener un mayor campo de movimiento y, ante todo, de razonamiento sobre su propia orientación sexual.

Además, tengamos en cuenta que el mundo de los sentimientos y de las emociones como lo son el amor, el deseo, la atracción, no es algo simple sino complejo, y muy sujeto a la subjetividad. Nunca se sabe lo que a una persona le va a pasar o lo que va a sentir hacia alguien. **Somos lo que creemos que somos en un momento o época específicos**, pero la llegada de nuevas emociones hacia nuevas personas puede hacer tambalear la definición que teníamos de nuestra orientación afectivo-sexual y, por ende, de nuestra propia identidad. Por eso es importante no encerrarse a uno mismo en una orientación. Es más inteligente y saludable desarrollar una mentalidad abierta y flexible a los cambios.

Es recomendable, por tanto, dejar un margen de duda y apertura a ambos lados de la parte en la que creamos encontrarnos.

✓ **Comprobando las intuiciones.**

Recordemos la hipótesis 1:

Línea de interrelación. Las tres orientaciones sexuales principales, o así creídas, heterosexualidad, bisexualidad y homosexualidad, están localizadas en una línea mediante la cual se relacionan entre ellas.

Sí, se ha cumplido: las orientaciones sexuales se encuentran reflejadas en una línea de interrelación. Y además, en esa interrelación, he descubierto que éstas no son tres sino siete.

Segunda parte
¡LA IGUALDAD EXISTE!

✓ **Segunda introducción.**

De la misma manera que llevaba años pensando que las tres orientaciones sexuales conocidas de forma principal por la sociedad se encontraban reflejadas en una línea, también tenía una segunda sensación: **hay el mismo número de personas homosexuales que de personas heterosexuales.** Lo basaba en tres movimientos propios: intuición, percepción, reflexión de las anteriores.

Al principio me lo representaba así:

50% - Homosexualidad.

50% - Heterosexualidad.

¿De dónde sacaba yo esta idea o intuición?

En mi zona rural de España, como ya he explicado anteriormente, en mi generación hay dos hijos en la mayoría de las familias. A su vez, en la gran mayoría de esas familias observaba que uno de los dos hijos era heterosexual o mayormente heterosexual (después supe que a esto se le llama heteroflexible) y el otro, homosexual o mayormente homosexual (homoflexible).

Entendí que existía, existe, una igualdad.

Entendía la realidad de mi zona de España, no como un caso aislado o como una realidad local, exclusiva, sino como una proporción que era representativa de la especie humana. Comprendía, sabía, deducía que existe una **igualdad numérica entre poblaciones** en estos grupos de sexualidad.

Pero entendí que había otras orientaciones sexuales y que había que dejar espacio para otras orientaciones sexuales. En mi proceso de reflexión, tanteando cifras y posibles, otorgué un cuarenta por ciento a cada una de estas dos "condiciones", y dejé un veinte restante a compartir por el resto de orientaciones creídamente muy minoritarias: bisexualidad, asexualidad, etc. Recordemos que aún no había comprendido la existencia de las orientaciones flexibles. Este porcentaje cuarenta no era una cifra "cerrada", sino una aproximación. Podría haber sido un cuarenta y cinco, un treinta y cinco, etc. Entendía que debía ser era un número "alto", que fuese el mismo para heterosexuales y homosexuales y que dejase porcentaje para el resto de las orientaciones sexuales.

Por lo tanto:

40% - Homosexualidad.

40% - Heterosexualidad.

20% - Otras: bisexualidad, asexualidad, etc.

Pero recordemos que aun no había descubierto el *Espacio Het-Bi-Hom*. Tras las cifras de 40-40-20, intuí que el número de personas que eran sólo heterosexuales o sólo homosexuales eran un número muy pequeño. Me pareció sentir que la mayoría de las personas eran bisexuales de alguna manera, y con esto me refería, explicándomelo a mí mismo, que les atraían ambos sexos. (Aún no había comprendido que la bisexualidad exige igualdad de atracción hacia ambos sexos, lo que yo llamo "bisexualidad absoluta", a la que debería referirme, ya a estas alturas, como exclusivamente bisexualidad).

Mentalmente, sentí creer, intuí, que entre un diez y un quince por ciento de las personas eran sólo heterosexuales y otro diez-quince por ciento, sólo homosexuales. Estas cifras serían iguales para ambas orientaciones, claro. Seguía percibiendo una igualdad.

Alrededor de un 70% de las personas serían bisexuales, entendiendo por bisexual, simplemente la atracción hacia ambos sexos, no necesariamente igual en proporción.

10%-15% - Homosexualidad.

10%-15% - Heterosexualidad.

70% - Bisexualidad.

(Tiempo después sabría que la palabra para referirme a esto era *polisexualidad*, mientras que el término para los "sólo heterosexuales" o "sólo homosexuales" es *monosexualidad*.)

A ese "sólo heterosexual" lo llamaría después *heterosexualidad absoluta* y a ese "solo homosexual", *homosexualidad absoluta*.

Me alegró entender que, aun no conociendo las palabras exactas, con sus significantes y significados, había sido capaz de percibir y entender que existían otras formas de atracción, otras realidades, u otra realidad.

El descubrimiento de...

...la igualdad en la línea.

✓ **El abrazo al optimismo.**

Al saber del trabajo de Kinsey, tras el descubrimiento de que alguien se me había adelantado en el desarrollo de esta teoría, ¡y setenta años, nada menos!, obviamente, me llegaron la apatía y el desánimo.

Pero después decidí hacer uso de la actitud optimista y pensé:

1 – Bien, me dije, si te has guiado hasta aquí por tu instinto y has ido abriendo campo de conocimiento, eso quiere decir que tu intuición no te miente y que todo aquello que ves, intuyes y percibes sobre sexualidad probablemente sea cierto.

2 – Refiriéndome a mi redescubrimiento del conocimiento de Kinsey, pensé: **si dos personas en distintos puntos del tiempo y del espacio, sin contacto previo ni intercambio de información, han llegado a dos ideas parecidas, por no decir casi iguales, no pueden ir muy desencaminadas.**

3 - Finalmente, mi intuición, que nuevamente me hablaba, me decía dos cosas: que había más conocimiento en este dibujo, deduciendo que se encontraba "oculto a la vista" y que éste se localizaba sobre el mismo, es decir, hacia arriba. Había que escarbar, que rebuscar en esa dirección. Casi instintivamente decidí que utilizaría este punto común entre Kinsey y yo para seguir "haciendo crecer el conocimiento". Comenzó un proceso que percibí como si hubiese encontrado un esqueleto humano enterrado en el suelo y del que ya había limpiado de tierra los pies. Estos pies eran la *línea de gradación*. Mi sensación era que el conocimiento oculto, representado como ese cuerpo al que debía quitarle la tierra con dedicación y cuidado, con curiosidad, se "escondía" hacia arriba. Es decir, mi camino era la posición de las piernas. Debía seguir hacia arriba, donde se escondía la

información, y quizá ésta fuese más compleja y más valiosa, si cabía.

Tras decidir ver el vaso medio lleno, con la energía que emana del optimismo (nunca subestimemos la fuerza del optimismo) con la lavadora en marcha dando vueltas alrededor de todas las relaciones de porcentajes que había ido adjudicando a las orientaciones sexuales, unido a la imagen de la línea completa en mi mente, de pronto, la intuición, y supongo que también el razonamiento, compañeros de fatigas, me hicieron recabar la vista en ciertos rasgos en la imagen que me llamaron la atención porque, así me pareció, aportaban información.

✓ **La igualdad en la forma.**

Al final, me llegó la recompensa a tan buen pensamiento o decisión como era la de utilizar los conocimientos comunes para seguir tirando de la cuerda, rebuscando en la verdad (investigando; y a veces investigar no es sino bucear en nuestra cabeza en busca de aquello que ya sabemos, pero de lo que aún no somos conscientes, o en busca de ideas para explicarnos los posibles) y se me representó:

1 - la línea dividida en <u>dos mitades</u>, con un <u>punto-centro</u> que actuaba de <u>eje simétrico</u>,

2 - con los puntos de la línea teniendo un <u>correspondiente</u> al otro lado del punto-centro,

3 - y comprendiendo, deduciendo, intuyendo que esos correspondientes eran, posiblemente, exactos en todo, no sólo en la forma.

Veía que eran exactos **en la forma**, es decir, en imagen, y mi subconsciente seguía recordándome mis ideas previas de igualdad en población heterosexual y homosexual y, de pronto, lo vi claro. No se trataba de una línea cualquiera, de una mera línea de representación. Se trataba de una igualdad. **Llegué a la conclusión de los puntos equidistantes como idénticos** (y como correspondientes; es decir, había una igualdad entre ellos) **y la línea como igualdad**.

Analizando la línea vemos ciertos rasgos en su imagen que nos llaman la atención y si somos lo suficientemente intuitivos y perspicaces, veremos que están aportándonos información. ¿De qué se trata? Prestemos atención: <u>podemos apreciar una imagen de igualdad en la recta</u>.

Observamos que el dibujo contiene dos elementos: números y palabras. La línea de gradación tiene números (grados de porcentaje de atracción); la línea de las orientaciones, palabras escritas refiriéndose a ellos.

Percibí que los grados de la línea se repiten todos ellos dos veces: 60-60; 70-70; 80-80; 90-90; 100-100. Y en el centro de todo ese emparejamiento, justo en la mitad de la línea y del dibujo, un número solo: el 50%. Y tengamos en cuenta que la repetición de los números se desarrolla siempre a ambos lados de este 50% y siguiendo siempre el mismo orden, es decir, a partir de este, desde este 50%. Aparte de eso, también se repiten las palabras de las orientaciones sexuales: primer grado-primer grado, segundo grado-segundo grado, absoluto-absoluto.

Tenemos la información delante. ¿Seremos capaces de verla? ¿Y de percibirla? ¿Y de traducirla?

Entendí este punto como un nexo entre dos mitades, como el centro de una igualdad, el punto o eje de simetría a cuyos lados todo, en forma, en imagen, todo se desarrollaba en direcciones opuestas pero creando una estructura de igualdad.

Y ahí me hice una pregunta importantísima que me abrió una puerta de consciencia, de espacio desconocido, de necesidad de respuestas, de querer conocer. Me hizo avanzar enormemente en el descubrimiento de la estructura; fue el empujón definitivo para adentrarme, esta vez con verdadera consciencia, con verdadera actitud de investigador (o de descubridor más bien), en el proceso de descubrimiento de esa estructura que percibía ante mí, de ese cuerpo enterrado al que sacar a la luz: **¿Y si no es una línea cualquiera? ¿Y si se trata de una igualdad? ¿Es una línea simétrica?**

✓ **De las palabras a los números. La numeración de los grupos sexuales.**

✓ **El error de la Escala Kinsey.**

Desde mi punto de vista, Kinsey llegó bien al razonamiento de dividir la línea en dos y otorgarle el mismo nombre a las orientaciones-gemelas o parejas (heteroflexibilidad, homoflexibilidad) en el que sólo cambiaba la orientación sexual más específica (hetero-; homo-). Pero después creó la Escala Kinsey, que ya conocemos, numerada del 0 al 6. Se trata de una línea de ordenación numérica. Yo me refiero a ella como *Línea de ordenación numérica de Kinsey*.

Esta línea es un recurso muy inteligente que él utilizó para resumirse la información, algo que yo también hice. Pero él numeró las orientaciones sexuales siguiendo el orden de escritura occidental, es decir, de izquierda a derecha, y partió desde la heterosexualidad absoluta (o exclusivamente heterosexual, como él lo llamaba) a la que llamó grupo 0, a la homosexualidad absoluta (exclusivamente homosexual) a la que numeró como grupo 6.

Yo creo que quizá fue ahí donde se desorientó en el descubrimiento del conocimiento. La ordenación numérica de 0 a 6 le bloqueó la percepción de la imagen de igualdad que le mostraba la línea. Al realizar un dibujo con una sola dirección, ordenado de izquierda a derecha, perdió la imagen de la simetría en la línea. Si hubiera realizado correctamente la numeración de los grupos, quizá hubiese entendido que la línea es una igualdad, una línea simétrica, y como simétrica que es, cada punto de su sublínea tiene su correspondiente exacto en la otra mitad. Es probable que ya no fuese capaz de "sentir" que había más teoría por descubrir. Quizá no intuyó que había aún más cuerpo. Quizá no sintió la energía de la verdad, de lo existente, que yo sí sentí. Quizá se obcecó con la parte práctica, con buscar el número de personas en cada grupo por medio de entrevistas. A saber.

O quizá fuese al revés: que nunca intuyese la igualdad entre orientaciones sexuales, antes de descubrir o comprender la estructura de la línea de gradación y la línea de orientaciones sexuales, y, por tanto, sin ese input previo, sin ese precalentamiento, no viese la igualdad expresada visualmente en la línea, que supongo le hablaría como a mí me había puesto su información delante desde el principio y no había sido capaz de verla hasta dos semanas después de descubierta.

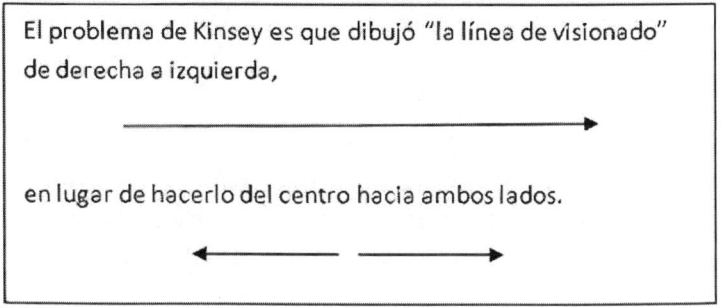

El problema de Kinsey es que dibujó "la línea de visionado" de derecha a izquierda,

en lugar de hacerlo del centro hacia ambos lados.

✓ **Los grupos correspondientes.**

Yo no he seguido la ordenación numérica de las orientaciones hecha por Kinsey (*línea de ordenación numérica de Kinsey*). Habiendo visualizado la simetría de la línea, entendí también su naturaleza. La línea está estructurada, construida desde la simetría. Decidí dividir la línea en dos sub-líneas, en <u>dos direcciones</u> para resaltar la imagen de la igualdad, desde el centro a los extremos.

Dirección 1 – Mitad heterosexual o mayormente heterosexual. De la bisexualidad absoluta a la heterosexualidad absoluta. Los grados mayores u oficiales se refieren a la heterosexualidad.

Dirección 2 – Mitad homosexual o mayormente homosexual. De la bisexualidad absoluta a la homosexualidad absoluta. Los grados mayores representan la atracción homosexual.

En la Escala Kinsey, éste decidió enumerar las orientaciones sexuales en el orden de lectoescritura de la cultura occidental. Y ahí falló.

Recordemos que las palabras tienen dos dimensiones: el significante y el significado. El primero es la forma y el segundo, lo que nos interesa de ellas, el contenido.

Por instinto, decidí hacer lo mismo que Kinsey: cambiar la forma, manteniendo el contenido. Dejarían de tener apariencia de palabra y se transformarían en número. Con ello, resaltaría la igualdad, la hermandad, la conexión.

Pero al contrario que Kinsey, yo comprendí algo de vital importancia: la naturaleza de la línea. No es una línea cualquiera de derecha a izquierda o viceversa, sino que es una línea de dos mitades, del centro a los extremos. Es una línea simétrica.

Limitémonos ahora a la línea de las orientaciones sexuales que, como ya sabemos, es la línea donde quedan escritas éstas, derivando de la *línea de gradación* y la interpretación que hemos hecho de (los comportamientos de) ésta.

Quedándome con esta línea, decidí cambiar las palabras por números, por un motivo muy sencillo: simplifica la información. Por lo general, la mejor manera de orientarse cuando hay demasiados elementos con los que lidiar es remitirse a la esencia, esto es, simplificar.

Transformar el nombre de las orientaciones sexuales en números me permitió visualizar dos aspectos importantes:

1. Representar el orden de movimiento/el comportamiento de movimiento de la *línea de gradación* de la que después emana la línea de las orientaciones sexuales.

2. Mostrar la relación entre orientaciones equidistantes (es decir, opuestas) y, por tanto, posibles de ser iguales.

   Ello nos muestra un tercer nivel de expresión o de comprobación de la igualdad: la primera era la línea en sí, su simetría; la segunda fue los nombres de las orientaciones sexuales: primer grado-primer grado; segundo grado-segundo grado y absoluto-absoluto para las orientaciones monosexuales.

Decidí realizar esta acción de referirme a las orientaciones sexuales con números, guiado por esa mezcla de instinto y razón, que me va diciendo por dónde debo tirar y posteriormente me explica, justifica, el por qué de esa percepción.

Transformar las palabras en números me dejó siete números. Tres de ellos eran iguales, puesto que igual era también la distancia a la que se encontraban del eje.

A estos grupos equidistantes que, justo por eso, comparten el mismo número, y que con esta imagen me verificaban lo que yo, en el fondo, aún sin poderlo demostrar, ya sabía, que eran iguales, los llamé *grupos correspondientes*.

En la numeración de las orientaciones, seguí el mismo orden de movimiento, creación, comportamiento de la línea de gradación y, por tanto, también, de la línea de las orientaciones sexuales: del centro a los extremos. La simetría manda.

El 50%, la bisexualidad absoluta, sería representada por el número cero, y será la única que no tendrá otro número par-hermanado.

Los demás sí tendrán su correspondiente al otro lado del eje.

Por orden de "colocación" desde el centro de las líneas (grado 50% o ya, Punto 0) a los extremos: las flexibilidades de primer grado recibirán ambas el **número 1**; las de segundo grado (heteroflexibilidad de segundo grado y homoflexibilidad de segundo grado), el **número 2**; y la heterosexualidad y homosexualidad absolutas, que son las más alejadas del centro, del eje simétrico, serán ambas el **número 3**.

El orden que nos queda es 3-2-1-0-1-2-3.

A estos números que representan a las orientaciones sexuales, en lugar de llamarlos *número* u *orientación sexual*, decidí llamarlos *grupos sexuales* (aunque a veces también utilizaré su nombre original: orientación sexual), por aquello tan humano de ponerle nombre a todo.

Ahora se me presentaba el dilema de cómo diferenciar a los *grupos sexuales* para saber a qué orientación sexual se refieren o representan.

Por ejemplo, cuando dijese "el grupo 1", ¿a cuál me estaría refiriendo: a la *heteroflexibilidad de primer grado* o a la *homoflexibilidad*, también de *primer grado*?

Sencillo.

Para diferenciar los puntos de una igualdad y los de otra, comprendí que debía poner **apellido** a los números. No sería ni *x-a* ni *x-b* ya que me pondrían en el dilema de a qué orientación sexual de las dos le colocaría la primera letra del abecedario y a cuál "postergaría" a tener la segunda. El apellido sería la primera sílaba de las palabras heterosexual, es decir, *he*, y homosexual, *ho*, para

86

referirnos a las flexibilidades u orientaciones absolutas de la *mitad he* o de la *mitad ho*.

Recordemos que a las dos mitades de la línea las hemos llamado *mitad he* y *mitad ho*. Para poder diferenciar los grupos sexuales correctamente, acompañamos a su número con el apellido *he* si están en la *mitad he* u *ho* si se encuentran en la *mitad ho*. Así sería más fácil recordar cuál es la orientación hacia la que sienten atracción mayoritaria (grados oficiales).

Al hacer pasar las orientaciones sexuales de palabras a números simplificaríamos la información que necesitamos para entender el contenido de este algo tan simple y a la vez tan complejo que es la *línea het-bi-hom* y la creciente *estructura het-bi-hom* que poco a poco iba desenterrando. Los grupos sexuales, que son la expresión de las orientaciones en "formato número" me daban dos informaciones:

- Con el número expresaba la correspondencia, el hermanamiento, la paridad: grupos 1 (flexibilidades de primer grado), grupos 2 (flexibilidades de segundo grado), grupos 3 (orientaciones absolutas y monosexuales).

- Y con la letra, la pertenencia: *he*, a la *mitad he*, mitad de grados mayores de heterosexualidad; *ho*, *mitad ho*, mitad de atracción mayoritaria hacia la homosexualidad. Por tanto, por ejemplo: 3he (heterosexualidad absoluta), 3ho (homosexualidad absoluta).

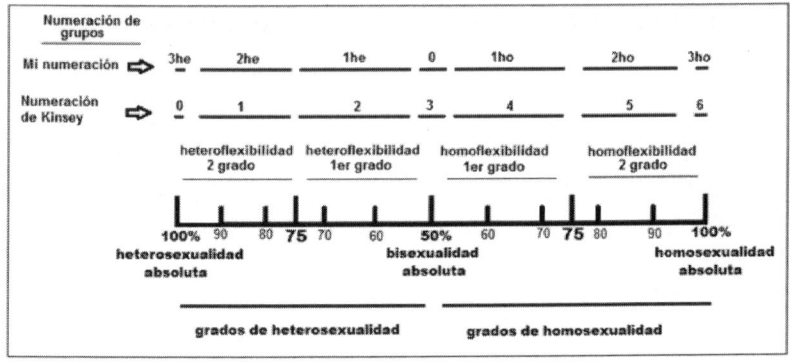

Recordemos qué son los *grupos correspondientes*.

Se trata de los grupos que son "iguales" a ambos lados del *punto 0* o *eje*, es decir, se encuentran a la misma distancia del eje y tienen el mismo porcentaje. Les llamamos **grupos hermanados o grupos correspondientes**.

Su hermandad, proveniente de la ley de la simetría, queda expresada en números:

3-2-1-0-1-2-3

Los *grupos sexuales* no son lo mismo que los *grupos correspondientes*, por lo que no debemos confundirlos. Son algo más complejos que estos. Cada *grupo sexual* está formado por un <u>número</u> que indica su proximidad al eje simétrico (es decir, la correspondencia; grupos correspondientes) y un <u>apellido</u>.

Los *grupos sexuales* son 0, 1he, 1ho, 2he, 2ho, 3he, 3ho.

Ordenados simétricamente, que es como deben estar, son 3he, 2he, 1he, 0, 1ho, 2ho, 3ho.

¿Vemos mejor la simetría, la correspondencia entre iguales?

Claro que sí.

Recordemos los nombres de todos los elementos: a la de Kinsey, a la que se conoce como *Escala Kinsey*, que es errónea, la he llamado *Línea de ordenación numérica de Kinsey*. A la mía, que respeta el orden de la simetría, que exige la línea, la estructura, *Línea de ordenación simétrica (de los grupos sexuales.)*, *Línea de ordenación numérico-simétrica* o *Línea de ordenación numérico-simétrica de los grupos sexuales*.

Personalmente me quedo con la primera.

✓ *La línea simétrica y la imagen de la igualdad.*

Apruebo la clasificación de Kinsey en grupos numéricos para simplificar la información y para que las personas puedan localizarse en la línea y se digan a sí mismas "estoy en el grupo siete", "estoy en el grupo dos". Yo mismo he recurrido a cambiar las palabras por números. Pero si quieres entender lo que tienes enfrente tienes que respetar la naturaleza de la línea y ésta está dictada por la simetría. Debemos colocar los mismos números a ambos lados de lo que reconozco como eje simétrico para hacer más visible la existencia de la igualdad y también para facilitar el proceso de desvelado del conocimiento, la búsqueda del mismo por medio de la intuición y el razonamiento, ya que al simplificar la información representando las orientaciones sexuales con simples números vemos mejor la información esencial.

- **Los Grupos Generales.**

Con el conocimiento de los *grupos sexuales* y de la igualdad que impone la simetría, entendemos la creación o existencia de un nivel más: los **Grupos Generales**.

¿Qué son los *Grupos Generales* o *Grupos Sexuales Generales*?

Los *Grupos (Sexuales) Generales* son la unión de los *grupos sexuales correspondientes o hermanados* (los que tienen el mismo número: 1, 2, 3) en un solo grupo, entiéndase, general. De ahí, el nombre; escrito con mayúsculas: *Grupo General* o *Grupo Sexual General*.

Los *Grupos (Sexuales) Generales* son cuatro:

Grupo General 0. El *grupo sexual 0*, aunque sea él solo, también forma un *Grupo General*. Es el *Grupo General 0*. Nos habla de igual atracción afectivo-sexual hacia la heterosexualidad y hacia la homosexualidad.

Grupo General 1. Las flexibilidades de primer grado, es decir, las siguientes en orden desde el *punto 0 – heteroflexibilidad de primer grado* y *homoflexibilidad de primer grado* -, serán el *Grupo General 1*. Este *Grupo Sexual General* indica leve atracción hacia un sexo, y menor hacia el otro.

Grupo General 2. Las flexibilidades de segundo grado – *heteroflexibilidad de segundo grado* y *homoflexibilidad de segundo grado* -, serán el *Grupo General 2*. Atracción mayoritaria y destacada hacia hombres o mujeres.

Grupo General 3. Y finalmente, heterosexualidad absoluta y homosexualidad absoluta serán el *Grupo*

General 3. Atracción exclusiva hacia un sexo. Monosexualidad.

De modo que la representación, en resumen, sería:

Grupo General 0 (0).

Grupo General 1 (1he, 1ho).

Grupo General 2 (2he, 2ho).

Grupo General 3 (3he, 3ho).

Desde los *grupos sexuales hermanados* o *correspondientes* hemos comprendido la existencia de los *Grupos (Sexuales) Generales*. A los dos *grupos sexuales* (1he-1ho, 2he-2ho, 3he-3ho) de cada *Grupo Sexual General* (G.G.0, G.G.1, G.G.2, G.G.3) en esta parte de la teoría les he cambiado el nombre: ahora los llamo *componentes*. Son los dos *componentes* del mismo *Grupo Sexual General*.

El *grupo sexual 0*, bisexualidad absoluta, también será un *componente*.

Por tanto, tenemos un *grupo general mono-componente* (G.G.0) y *tres grupos generales bi-componentes* (G.G.1= 1he+1ho; G.G.2= 2he+2ho; G.G.3= 3he+3ho).

$$\text{grupos} \begin{cases} \text{mono-componentes.} \\ \text{bi-componentes.} \end{cases}$$

A los *Grupos (Sexuales) Generales* también les llamo *Uniones Generales*, quizá un nombre más acertado, porque nos hablan de la unión entre las dos orientaciones que son opuestas y, al mismo tiempo, iguales.

✓ **Forma y contenido.**

Viendo esta igualdad perfectamente dibujada, representada en el papel, a la vista, en la imagen, en la forma, ¡entendida!, pero existente aún así, una segunda conexión se realizó en mi cabeza: estamos hablando de forma, igualdad en la forma. ¿Qué palabra viene siempre vinculada con forma? Contenido.

Son dos palabras parejas: forma y contenido. ¿Qué sería el contenido aquí? El número de personas que contiene cada orientación sexual. Es decir, la población (sexual) de cada orientación sexual.

Y de esa deducción llegó otra idea: oye, si estamos diciendo que la igualdad, como vemos, porque la vemos, existe en la forma (imagen); y además yo sé, porque lo sé, porque lo veo, porque lo intuyo, porque lo percibo y lo deduzco, que también existe la igualdad en el número de personas, es decir, en el contenido, ¿es ésta la prueba de que sí es real, de que es cierto; es verdad? ¿Existe también la igualdad en el contenido?

¿Y si los *grupos hermanados o correspondientes* no son sólo iguales en la forma (el número escrito, representado), sino que también son **iguales en el contenido**, es decir, en el número de personas que contienen en su interior? ¿Y si hay la misma "población" en cada punto gemelo de ambas mitades, de la *mitad he* y de la *mitad ho*? ¿Y si hay el mismo número de personas en cada *grupo sexual correspondiente* o *hermanado*, en los dos *componentes* de cada *Grupo (Sexual) General*? ¿Sería ésta, por tanto, a priori, sin recurrir a encuestas, la prueba de que mi percepción-hipótesis (hay el mismo número de homosexuales que de heterosexuales) es correcta, verdadera, real?

Parece que las propias estructuras me van llevando a lo que yo ya pienso.

Igualdad en la forma, ¿igualdad en el contenido?

Partiendo de que nadie sabe nada, de que lo dictado por la naturaleza en lo que a poblaciones sexuales se refiere es aún un misterio por resolver; viendo que tanto Kinsey como yo llegamos a una línea con un punto céntrico, el 50%, del cual nos movemos hacia los respectivos números cien, dividiendo la línea en dos mitades y rellenándolas de porcentajes idénticos, de grados de atracción separados tanto de ellos como del punto centro o punto de partida a la misma distancia (entendiendo la existencia de la equidistancia; misma distancia del punto de partida); viendo tal nivel de exactitud, o más bien, viendo tal nivel de paridad en cada milímetro a ambos lados del eje simétrico, las mitades de esa línea no son sólo idénticas en la forma sino también en el contenido, es decir, que también existirá esta paridad, la igualdad en la representación de población, en el reparto de la misma.

Entiendo esta nueva concepción de la línea como una figura con mitades simétricas, con la única diferencia del género del receptor en la atracción sexual: mismo sexo, sexo opuesto. Tiene sentido que si este cuerpo, esta estructura, muestra una igualdad en todo, la igualdad también puede o debe existir en el número de personas incluidas en cada orientación.

Creyendo que los tiros van por ahí, ¿sería posible una relación entre orientaciones ya tan pre-establecida, tanto como para llegar al nivel de que haya la misma cantidad de personas en el punto correspondiente al otro lado de la igualdad? ¿Podría ser que la Vida y la Naturaleza tuvieran el porcentaje de población de cada orientación tan medido, por no decir, controlado? Viéndolo así parece matemática pura, dibujo técnico. Pero, ¿no son las reglas y leyes de la matemática las que dirigen la vida y la Naturaleza? ¿No es la exactitud propiedad de las matemáticas? ¿No pertenece la simetría a las matemáticas?

Quiero pensar, sin dejar de mantener ni un momento la actitud de duda sobre la veracidad de mis propias conclusiones, que si llegué al entendimiento de que las tres grandes orientaciones sexuales (las tres absolutas) se encontraban reflejadas en una línea y que el movimiento de las personas heterosexuales, bisexuales y homosexuales, en lo referente a sus relaciones sexuales y afectivas también podría ser lineal; que si entendí que la unidad de medida de la atracción afectivo-sexual no era ninguna medida de velocidad, masa o peso, sino el porcentaje – el tanto por ciento –; que si llegué a la conclusión de la existencia de las otras orientaciones, de cuestionar el concepto de *heteroflexibilidad*; de preguntarme si entonces debía existir también el término de *"homoflexibilidad"*… Si pensé todo esto antes de encontrar la forma de representármelo en el papel, de desenterrarlo del conocimiento y sacarlo a la luz, porque ésa es o ha sido mi sensación (estoy desenterrando un cuerpo, una estructura) es probable que el pensamiento que ahora defiendo – igualdad de población entre orientaciones sexuales correspondientes – también sea cierto. Únicamente tengo que encontrar la forma de explicármelo.

Mi creencia sería y es:

$$1he = 1ho$$

$$2he = 2ho$$

$$3he = 3ho$$

Heteroflexibilidad de primer grupo = Homoflexibilidad de primer grupo

Heteroflexibilidad de segundo grupo = Homoflexibilidad de segundo grupo

Heterosexualidad absoluta = Homosexualidad absoluta

Así, viendo cómo he encontrado los pasos descubiertos con anterioridad por otro hombre de cuya existencia, trabajo e influencia no tenía ni idea; entendiendo o deduciendo que no puedo andar muy desencaminado y que las conclusiones obtenidas después, así como los pensamientos, es posible que tampoco estén equivocados (o por lo menos, no en su totalidad), **puedo considerar muy firmemente la idea de la igualdad en la línea, de la ley de la simetría, <u>tanto en la forma como en el contenido</u>.**

El descubrimiento de...

...las líneas de unión de los grupos correspondientes.

Líneas de unión es el nombre con que he bautizado a las líneas que van a servirnos de apoyo visual para entender la conexión entre los *grupos sexuales correspondientes o hermanados* que, como sabemos, son los que conforman cada *Grupo General*.

Gracias a ellos, podremos acercarnos a la intuida relación de igualdad, comprender la construcción de esta relación.

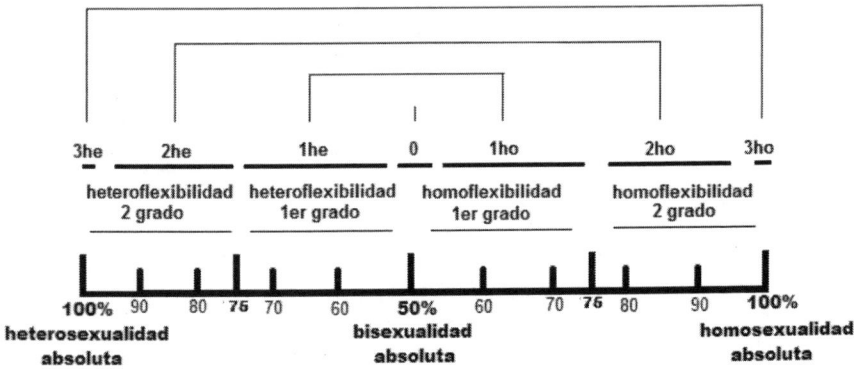

Sabiendo que tenemos un eje que debemos dibujar y creyendo como creía, o como en el fondo sabía, que los grupos que tienen el mismo número (1, 2, 3) aparte de ser iguales en la <u>forma</u> lo son también en el <u>contenido</u>, instintivamente, dejándome llevar por la energía de lo que existe, dibujé las líneas que aquella energía me decía que había sobre la línea. Así pude representar de una forma visual clara la relación que se establece entre los grupos.

Lo dibujé correctamente a la primera, pero como dudar, cuestionar, no fiarse es una de las actitudes principales que se desarrollan en un investigador o descubridor, seguí realizando el dibujo de las líneas de muchas maneras distintas, guiado en todo momento por esa sensación de que el conocimiento oculto se escondía hacia arriba, hacia la parte superior de mis dibujos siguiendo un rastro de energía invisible, pero perceptible y poderosa, generando en mí todo el tiempo la sensación de que el proceso se asemejaba al desenterramiento de un cuerpo al que, siguiendo el modo de hacer de la arqueología, ya le hemos encontrado los pies y, de esa manera, sabemos que tenemos algo frente a nosotros, aunque oculto a la vista. Hemos seguido limpiando poco a poco, brocha en mano, y hemos seguido los huesos de las piernas llegando a la cadera. Seguía desenterrando hacia la parte superior de mi hoja en blanco, desvelando la construcción de este cuerpo, su estructura, su ser.

Creé diversas alturas de las líneas de los *Grupos Generales*, intentando averiguar, sin seguir ninguna ley o comportamiento específico, cuál sería el orden real de éstas. Y eso que, en todo momento sabía la naturaleza del comportamiento de la simetría, ley imperante en el espacio: del centro a los extremos. **El centro primero**.

Lo entendí completamente en el momento final del desarrollo de toda la teoría. Pero aún no estaba en el momento final.

Para no crear confusión iré directamente al grano y daré la información lo más simplificada posible: la primera línea en partir es la del *eje*, que es el *Grupo General 0, bisexualidad absoluta*. Tengamos en cuenta que, en todo momento, incluida la numeración de los *grupos sexuales*, estamos partiendo del eje. Es la <u>ley del *eje*</u>, del punto simétrico. Es la forma de crecimiento propia de una línea o espacio simétrico: desde el centro a los extremos, desde el centro hacia arriba. Como tirar una piedra en un lago y observar el movimiento de las ondas: nacen desde el punto exacto donde la piedra ha chocado con el agua y se expanden, se mueven hacia afuera, alejándose de éste en círculos perfectos, exactos. La exactitud de la simetría.

La seguirán los siguientes *grupos* alcanzando más altura progresivamente, subiendo y girando siempre hacia la mitad, hacia el *eje* mismo, que es el centro, al mismo tiempo, de la expulsión y atracción de fuerza.

Entendemos, por tanto, que se forman cuatro distancias desde el eje que dan lugar a los cuatro *Grupos Generales* ya explicados anteriormente. Nos acordamos de ellos, ¿verdad?

¿Cuáles son estas distancias?

Distancia 0. La distancia cero da lugar *al Grupo General* 0 formado por un solo *componente* o *grupo sexual*, la bisexualidad absoluta.

Distancia 1. Da lugar al *Grupo General 1*, formado por *1he* y *1ho*. Las flexibilidades de primer grado.

Distancia 2. Crea el *Grupo General 2*, en el que están incluidos *2he* y *2ho*. Son las flexibilidades de segundo grado.

Distancia 3. *Grupo General 3*, con *3he* y *3ho*. Se trata de las dos orientaciones monosexuales: heterosexualidad absoluta y homosexualidad absoluta.

Las *líneas de unión* nos llevan a comprender la existencia de "alturas" en el espacio. Ya las he mencionado antes, en este mismo apartado.

En el mismo *eje* se encuentran cuatro líneas invisibles a cuatro alturas distintas. Podemos hablar de cuatro niveles o estratos. Las líneas que nacen en vertical de ambos *grupos correspondientes* llegan hasta la misma altura y tuercen, giran, de forma magnética, podríamos decir, hacia el eje, donde conectan, chocan.

Esta idea parece un sinsentido, pero comprobarán más adelante que no lo es. Tiene su parte de razón. Las *líneas de unión* nos llevarán al siguiente nivel: los *Puntos*

Generales, y la ley que los sostiene, la *Ley de los Puntos Generales*.

Descubrámoslos.

El descubrimiento de…

…los Puntos Generales y la Ley de los Puntos Generales.

La esencia de la igualdad junto con el eje simétrico.

Seguimos subiendo en el descubrimiento del conocimiento, el desvelado de la estructura y la construcción de la teoría. Seguimos limpiando de tierra el cuerpo, siguiendo su estructura.

Hacia arriba. Siempre hacia arriba.

Partimos de una línea y ya hemos desarrollado muchos elementos de esta teoría o hemos desenterrado de "lo invisible" parte de esta estructura. Recordemos los niveles descubiertos hasta ahora:

- *línea het-bi-hom,*
- *línea base,*
- *línea de gradación,*
- *grupos sexuales,*
- *línea de numeración de Kinsey,*
- *línea de ordenación numério-*simétrica o *línea de numeración simétrica* y
- *líneas de unión.*

De éstas últimas (*líneas de unión*) lo único que he explicado o expresado hasta ahora es que establecen una especie de vínculo físico y visual entre las orientaciones paralelas o *grupos sexuales hermanados*. Pero ése no es todo su cometido. Explicaré su función completa en este apartado: los *Puntos Generales*.

A este nivel de <u>altitud</u> de la teoría, ¿qué es lo que creo? ¿Qué es lo que percibía en este nivel de descubrimiento?

Pienso que puede existir un **nexo común** entre los *grupos (sexuales) hermanados* que, aparte de simbolizar la unión de ambos grupos en una sola unidad, también contendría el **valor general** de esos puntos, es decir, el número de personas a repartir, la cifra de población. Llamaré a ese nexo común ***Punto General***.

Los *Puntos Generales* es una parte de la teoría que me costó descubrir y cuyo comportamiento me fue aun más difícil de descifrar.

✓ **Los Puntos Generales.**

Antes de comenzar la explicación de este apartado es necesario recordar la terminología para no caer en la confusión.

Grupos sexuales: Están formados por un número y un apellido: 3he, 2he, 1he, 1ho, 2ho, 3ho.

Grupos sexuales correspondientes (o *hermanados*): los que estimamos que comparten el mismo porcentaje de población. Ejemplo: 5 millones de personas homosexuales absolutas y 5 millones de personas heterosexuales absolutas. Son tres parejas: 1he-1ho; 2he-2ho; 3he-3ho. Unidos por la equidistancia de la simetría.

Grupo General (o *Grupo Sexual General*): el grupo común al que pertenecen ambos *grupos sexuales* *correspondientes*. Se trata de la simple unión de los dos puesto que sabemos que provienen de un mismo punto común en una línea sobre el eje. Ejemplo: el *Grupo General 1* se divide en 1he y 1ho.

Los *Grupos Generales* son cuatro y se escriben con <u>números</u>, respetando el número que también tienen los *componentes* que se incluyen en su interior: 0, 1, 2 y 3. Por lo tanto, son: *Grupo General 0* (en el que sólo está el *grupo sexual 0*), *Grupo General 1* (1he, 1ho), *Grupo General 2* (2he, 2ho), *Grupo General 3* (3he, 3ho). Más adelante también los llamaré *Uniones Generales*.

Una vez recordados los *grupos sexuales*, los *grupos sexuales correspondientes* o *hermanados*, los *Grupos Generales* o *Uniones Generales*, pasemos a los *Puntos Generales*.

Los Puntos Generales.

Sobre las líneas, en ellas, existen y se dibujan los *Puntos Generales*. Hay que tener cuidado en no confundir los términos *Grupo General* y *Punto General*.

Grupo General (o *Unión General*) es el que contiene en sí a los dos *grupos hermanados o correspondientes*.

Los *Puntos Generales* son un nivel más que los *Grupos Generales*. Una vez que los *Grupos Generales* reciben el valor (o comprendemos que tienen un valor. Más adelante entenderemos por qué he dicho "reciben") se transforman en *Puntos Generales*.

Los *Puntos Generales* contienen tanto al *Grupo General* como al valor a repartir. En ellos, aparte de unión de *grupos sexuales*, también hay valor numérico. Este valor es el número de población que recibe cada *Grupo*

General antes de repartirlo entre sus *componentes* o *grupos correspondientes*. Estos valores aún no los conocemos.

- **Volvamos a la explicación de la teoría.**

¿Cómo llegué a la existencia de los *Puntos Generales*?

Comprendí, dejándome llevar por el propio conocimiento, que sobre las *líneas de unión* que relacionaban "físicamente" entre sí a los *grupos correspondientes* (*1he-1ho*, *2he-2ho*, *3he-3ho*) había tres puntos justo en el encuentro con el *eje*. Del contacto de cada línea con el eje simétrico nacía un punto. Así que dibujé, destacándolo, cada punto ya existente, fruto de la conexión, en el centro de cada *línea de unión*. Lo remarqué. Consistía en destacarlo, que se viese bien que existía.

Aunque pareciese algo estúpido, entendí que no era una acción sin fundamento, que en ella sí había "contenido oculto" que desvelar. Lo sentía, percibía su fuerza, su existencia; y seguí mi impulso. Dibujando se desvelaba conocimiento, me acercaba a él y me ayudaba a comprender su contenido y los comportamientos e interacciones entre los elementos de la estructura. Supongo que es una experiencia de una naturaleza similar a lo que les ocurre a los escritores cuando "encuentran una historia que ya existe". Escribiendo se descubre la historia. Dibujando se desvela la estructura.

Observando el propio dibujo intuí una existencia en ese simple punto que se creaba en la conexión entre la línea del eje y las *líneas de unión* de los componentes.

En las propias *líneas de unión* percibía una energía, pero me centré en esos puntos creados.

Pensé que, al haber igualdad entre orientaciones sexuales hermanadas, al tener, por ejemplo, *3he* y *3ho* el mismo valor numérico, cada una 5 millones de personas, por poner cifras, y al gozar de una línea de unión que compartían, en ésta habría **un único valor** correspondiente a los dos grupos sexuales hermanados. Es decir, en este ejemplo, 10 millones de personas.

Estaba claro que aparte de la **unión** de los *grupos sexuales correspondientes*, también había un **valor poblacional** en él.

Entendí que en la unión de la línea con el *eje* se forma un punto con toda la información numérica de esas dos partes. Ya me olía la existencia de unos puntos a los que en un proceso más adelantado de la investigación llamé *puntos de valor*. Pero eso ya pertenece a la parte 3. Los veremos de nuevo más adelante.

• **La representación de los Puntos Generales: cuatro puntos, cuatro letras.**

Al comprender que los *Puntos Generales* (unión+valor) tenían razón de ser y que había algún tipo de relación entre ellos y los *grupos correspondientes* de los que emanaba la línea en la que cada Punto estaba colocado, entendí que, aunque el *Grupo General 0* fuera mono-componente (es decir, con un solo *grupo sexual*, sin correspondiente), éste también tenía un punto sobre él. Por lo que en total había cuatro puntos. Los nombré con las primeras cuatro letras del abecedario: **A, B, C, D.**

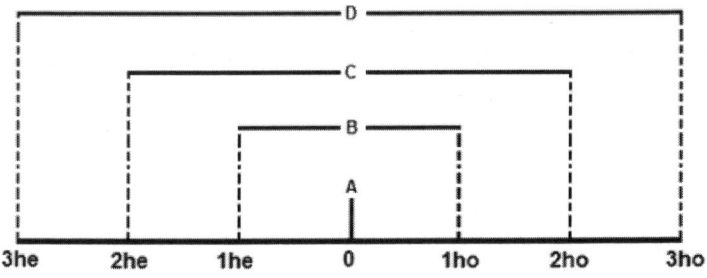

Pero, ¿en qué orden nombraría A, B, C y D?

Recordando la ley del eje, el comportamiento propio de la simetría por el cual el movimiento va del centro a los extremos, y por lo tanto otorga prioridad a quien más cerca del *punto 0* se encuentra (como el nacimiento de ondas provocadas por una piedra lanzada en un lago), decidí comenzar por el grupo que se encuentra justo en el *punto 0* de la igualdad, esto es, el *Grupo General* 0 (bisexualidad absoluta). Su *Punto General*, el que aunaría la conexión de *grupos sexuales* y valor, sería *A*. Seguirían *1he* y *1ho* (*Grupo General* 1) que tendría al *Punto General* B; *2he* y *2ho* (*Grupo General* 2), *C*; y *3he* y *3ho* (*Grupo General* 3) que forman el *Punto General D*.

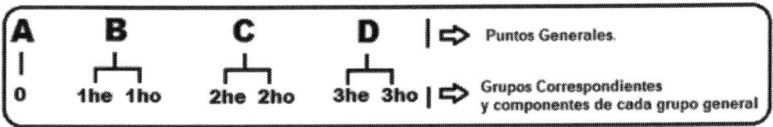

Sé que los *Puntos Generales* se comportan con una ley propia de ellos, para ellos, al igual que todos los elementos que voy descubriendo poco a poco tienen su propio comportamiento, aunque todos siguen la simetría, equidistancia y la ley del eje, que son, por decirlo así, Leyes Mayores en el *Espacio Het-Bi-Hom*. Llamaré al comportamiento de los mismos *Ley de los Puntos Generales*.

Si dudamos de la existencia de estos cuatro puntos (que contienen un valor) pensemos en una cosa: *A* cuenta con un solo punto; por lo tanto es un solo valor. <u>Si *A* únicamente tiene un valor</u>, ¿qué nos quita de pensar que también puedan existir los otros puntos *B*, *C* y *D* y su valor sea dividido a partes iguales entre sus dos **componentes**: *1-he* y *1-ho*; *2-he* y *2-ho*; *3-he* y *3-ho*? ¿Podemos creer así en la igualdad?

- ¿Qué son, entonces, los *Puntos Generales*?

El **Punto General** es la suma o unión del *Grupo General* (ej. *G.G.1= 1he + 1ho*) y el *valor de población* (que se oculta en él, el número) que entiendo que comparten, que sé que se reparten de forma equitativa pero que aún desconozco (o desconocemos) pero cuya existencia ya somos capaces de intuir. Los escribiremos con cuatro letras mayúsculas: *A*, *B*, *C* y *D*. Cuatro puntos, cuatro letras, en orden desde el centro del eje simétrico.

Los *Grupos (Sexuales) Generales* se escriben con un solo <u>número</u>.

Los *Puntos Generales*, con una sola <u>letra</u>.

✓ **Ley de los Puntos Generales.**

• **El valor oculto.**

Recordemos que comprendí que si ambos *grupos hermanados* (x-he, x-ho) **tienen el mismo valor**, podemos hablar de **un gran valor,** un punto que dé lugar a los <u>dos pequeños valores correspondientes</u>.

¿Cuál sería este "gran valor"? ¿Y cómo sería "el movimiento"? ¿El gran valor de cada *Punto General* sería la suma de los valores de, pongamos, *3he* y *3h, es decir, de abajo para arriba?* ¿O sería justo al revés: el gran valor se dividía en dos valores menores e iguales que fuesen a parar a los dos *componentes* del *Grupo Sexual General*, de arriba hacia abajo?

Ahí el dilema. Una pregunta más para mi colección de interrogantes. Más adelante lo sabría, seguro.

Pero volvamos al valor a descubrir. ¿Existen estos "valores generales"? ¿Y cuál es el orden de formación o reparto de ese valor?

Opción A. Formación; la suma del valor de los *grupos sexuales correspondientes* da lugar al *Punto de valor* o valor general.

Opción B. Reparto; el valor general del *Punto de valor* se divide en dos mitades exactas.

Me costó descifrar el comportamiento de los *Puntos Generales* o, como la he llamado, *Ley de los Puntos Generales*.

Y os preguntaréis: ¿qué es la *Ley de los Puntos Generales*?

Hemos entendido que existe un valor común a ambos *grupos sexuales hermanados* y que a ese valor, junto al respectivo *Grupo General,* lo he llamado **Punto General** y a los *grupos sexuales* de cada *Punto General,* en este nivel de la teoría o construcción, les he cambiado el nombre a **componentes**.

Por lo tanto, la *Ley de los Puntos Generales* es la relación entre los *Puntos Generales* y sus *componentes,* es decir, se trata de cómo se efectúa el reparto del valor de población.

A estas alturas de la investigación, la relación entre ambas partes o niveles sigue siendo un misterio. Ya sabemos que nos plantea las dos preguntas expuestas con anterioridad:

1 - ¿Es el *Punto General* el que divide su valor en dos y lo da a sus dos *componentes?* Excepto A que sólo contiene a 0. De existir esta primera opción sería la esencia de la igualdad, ya que el reparto del valor del *Punto General* se dividiría en dos partes iguales debido a las exigencias de la simetría, norma imperante en todo este cuerpo a medio descubrir.

Ejemplo: El Punto D contiene 10 millones de personas, que se reparten equitativamente entre sus dos componentes: 5 millones para 3he y 5 para 3ho.

2 - ¿O es al revés: los dos valores de los *componentes* se suman y dan lugar a un gran valor que es el *Punto General?* Esto también me lleva a pensar que si los dos *componentes* no tienen el mismo valor, es decir, si no hay igualdad, entonces el *Punto General* tampoco existiría porque no tendría sentido sumarlos. ¿Sumarlos para qué, entonces, si no habría relación entre ellos?

Ejemplo: 3he y 3ho, que forman el *Grupo General 3* y el *Punto General D*, se relacionan entre ellos, se suman. Según esta opción – suma, formación – podría ser que 3he tuviera 4 millones y 3ho, 6 millones u juntos formasen un *Valor General* de 10 millones de personas. ¿Tendría sentido que poblaciones numéricas distintas se uniesen en un solo *Valor General*? Desde mi punto de vista, no. No tiene razón de ser. ¡Y sé que no es! No tendría sentido que esos dos puntos se relacionasen. Pero es que sí lo hacen, y si se relacionan es por algo y, ante todo, para algo.

Pero es que sí hay relación. Son puntos, orientaciones interrelacionadas, casadas. <u>Sé que los *Puntos Generales* existen porque la propia teoría me lo dice</u>. Si no existieran, no habría llegado a la idea que me decía que dentro de la *línea het-bi-hom* había "vida interior"; que sobre la línea de gradación había algo más y que; sobre las *líneas de unión*, también había algo que existía oculto a la luz. La propia teoría tiene pulso y me ayuda a desvelarla. Es como si quisiese que la conociera. Me atrae con su energía para salir a la luz; para hacerse ver. Lleva toda la vida en la oscuridad de la ignorancia o del desconocimiento y quiere ser descubierta. Estoy aquí, parece decirme. Es por aquí. Sigue el camino de la Verdad y me descubrirás. ¿Cuántos conocimientos más siguen ocultos a luz de la consciencia, del saber?

Sólo tengo que comprobar que lo que creo posible es cierto. El propio cuerpo de la estructura me lo dirá. Sólo tengo que seguir descubriendo. Hacia arriba. Siempre hacia arriba.

Encerré las letras representativas de los *Puntos Generales* en un cuadrado. Me quedó un dibujo como el siguiente. Iba completando la forma que era.

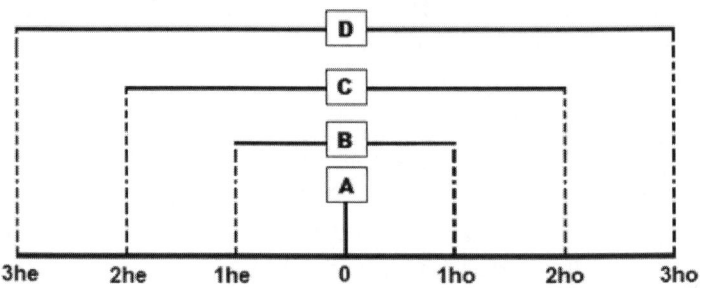

Estuve unos días sin saber si lo que creía verdad – movimiento hacia abajo, reparto igualitario de un gran valor – lo era.

Guiado por un impulso, un día, sin saber por qué, frente al dibujo que vemos a continuación, decidí colorear la parte horizontal de las líneas de unión. Me dio por ahí. Las líneas que salían de cada "cuadrado de valor", de un color diferente.

Al encerrar los puntos en un cuadrado y pintar de distintos colores cada línea emergente de estos cuadrados, visualicé frente a mí "dos salidas" que eran iguales en altura, en tamaño, en posición y opuestas en dirección. La igualdad de los opuestos en un campo simétrico. ¿Lo recordamos?

Entendí así que la <u>división del valor</u> – que aún no conocía – era <u>equitativa</u> (respetaba la equidad proveniente de la ley del eje) y de la simetría; que, por tanto, la igualdad también existía en el contenido y que el reparto igualitario se desarrollaba en estos puntos. **¡Los *Puntos***

Generales eran (y son) <u>la esencia de la igualdad</u> en las relaciones hermanadas o correspondientes!

Parece una tontería terminar comprendiendo así, de esta manera, pintando las líneas con colores distintos, con un simple dibujo, cuando en todo momento teníamos al *eje simétrico* mostrándonos su influencia. Pero la función completa del eje es algo que solamente entendí al final de todo el proceso. A veces, para entender lo que tenemos enfrente, no hay nada como un buen dibujo que nos clarifique lo que pensamos, que visualice ante nosotros lo que sabemos pero que aún no tenemos maduro en la mente. Y, a veces, lo simple es lo mejor para comprender o comprobar. Simplificar ayuda. Menos es más.

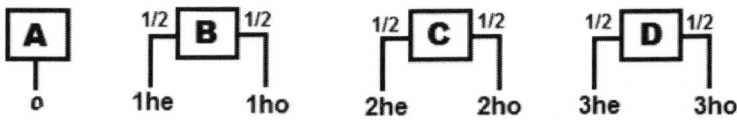

Tengamos en cuenta que la distancia que separa a los *componentes* del eje es la misma, es decir, son <u>equidistantes</u>; y que los *Puntos Generales* se encuentran en el *eje*.

Ésta es la **base de la igualdad**: la **equidistancia de los componentes** respecto del eje. De esta manera, el <u>reparto del valor</u> del *Punto General* también es <u>equitativo</u>.

Por lo tanto, como podemos ver, el valor de los *Puntos Generales 1, 2* y *3 (bi-componentes)* se divide de forma equitativa entre sus dos *componentes*, excepto el *0* (mono-componente), que al ser el único *componente* de éste, se queda con todo el valor de A (*Punto General A*) porque el *eje* no ha repartido el número en dos.

La base de la igualdad en el reparto de población en las orientaciones sexuales son los *Puntos Generales*.

La igualdad existe.

***

He vuelto a ascender en la limpia del esqueleto enterrado, en el desvelado. Comprendo ahora que sí existe la igualdad numérica de población entre grupos sexuales.

Sigo ascendiendo en el descubrimiento. La estructura corporal cada vez es más compleja y tiene más elementos y comportamientos que debo percibir y comprender.

✓ **Comprobando las intuiciones.**

Recordemos la hipótesis 2 proveniente de la segunda intuición: igualdad.

La segunda intuición decía: el porcentaje de población de homosexuales y heterosexuales es el mismo. Hay el mismo número de homosexuales y de heterosexuales.

Pregunta final: ¿se ha cumplido la segunda hipótesis?

Sin haber descubierto aún el número exacto de población de estas orientaciones, la propia estructura me lo dice: hay (habrá) el mismo número de homosexuales que de heterosexuales.

Hipótesis cumplida. **La igualdad existe.**

Tercera parte

¡ES UNA LEY!

✓ **Tercera introducción.**

Me costó mucho descubrir el comportamiento de esta última parte. Probablemente fue la más difícil de todas.

Supe a qué se debía la dificultad: su información es aún más preciada, no sólo por su contenido sino por su posición en el orden de movimientos. Además, su numeración, aunque también expresada en la misma unidad, el porcentaje, expresa otra realidad a gestionar: los porcentajes de población. Ya no hablaremos de tanto por ciento de atracción afectivo-sexual, sino que esta vez los porcentajes se referirán a la población.

Al principio estuve desorientado, no tanto por un mal dibujo como por un dibujo incompleto que no me permitía ver lo que había; lo que era y es.

Aunque éste haya sido el paso final en el proceso de desvelado de la teoría, debéis saber que, en realidad, en el mundo interior de la estructura, en su propio funcionamiento interno de circulación, no es el último escalón, sino el primero de sus "movimientos".

Ya he explicado que el desvelado de la teoría, de la estructura general de ésta, de todo el cuerpo que he ido explicando progresivamente, por niveles y estratos, ha sido como desenterrar un esqueleto, y en el acto de desempolvarlo con cuidado, he empezado por los pies y he terminado por la cabeza. Ésa ha sido <u>mi sensación</u> durante el proceso. Pues bien, esta tercera parte es la cabeza de la estructura, el centro de operaciones. Ésa fue mi intuición-percepción cuando llegué a ella, aún sin desvelar: estoy ante el **cerebro**. Y es en el cerebro de este cuerpo, como en el de todos, donde se desarrolla una de las acciones más importantes de todas las que se dan en

115

este cuerpo de líneas y puntos: **el reparto de población**. Aquí encontraremos números en porcentajes, pero esta vez se referirán a la población a repartir. Ésa es la esencia de esta tercera altura de la estructura: el <u>secreto del reparto del porcentaje de población en los distintos grupos sexuales</u>.

Mientras me estrujaba la cabeza intentando comprender el funcionamiento de este nivel o estrato, mientras buscaba asideras a las que agarrarme para seguir "desenterrando", intuía que en este escalón final de la teoría había "mucha chicha". Entendí perfectamente que probablemente el **nivel de información** o la importancia de ésta eran tal, que su traducción, su desvelado, eran más complicados, como si se tratara de una caja fuerte difícil de abrir porque en ella se encuentran las piezas de más valor. Está claro que cuanto más contenido hay o de más relevancia es éste, mayor es el tiempo que se tarda en entender su comportamiento-funcionamiento.

Por supuesto, una vez comprendido el comportamiento de "el cerebro de la estructura", la dificultad es mínima. Como en todo el proceso, se trata de un comportamiento sencillo.

En este apartado descubriremos la *barra de población* con sus *cuatro porcentajes* que forman parte de los *Puntos Generales* (Valores + Uniones) y que se reparten entre los cuatro *Grupos Generales* o *Grupos Sexuales Generales*, como queramos llamarlos. Gracias a esto conoceremos finalmente toda la información de los *Puntos Generales*. Así mismo, debido a esta nueva barra veremos la transformación del último dibujo en una gráfica con dos mitades.

Encontraremos también la **existencia de un nuevo eje**.

Finalmente podremos ver el resultado de todo el proceso explicado hasta ahora.

El "entendimiento" de que...

... ¡Es una ley natural!

Antes de llegar a los dos apartados que explicaré a continuación, yo ya había entendido lo que tenía frente a mí en mis dibujos y escritos: era una ley. En ella estaba, o estaría, todo el contenido buscado, El Conocimiento.

Comprendí lo que tenía delante. No se trataba de una simple estructura bien desarrollada aunque sin significado, sin verdad. Tampoco era una mera teoría desde la cual tendría que desarrollar posteriormente una práctica que me hiciese llegar a unas posibles conclusiones. No me haría falta acudir a encuestas ni tampoco entrevistar a grupos de personas para acercarme a un posible número de cada orientación; a unos inciertos porcentajes de población, de los que, sabía, nunca podría fiarme del todo. Acordémonos de los resultados de Kinsey; para mí, no válidos. Valoro el avance que produjeron; a pesar de no ser verdaderos, sí fueron necesarios para abrir un poco las puertas de aquella sociedad que se asemejaba a un callejón estrecho y sin opción a moldear tu propia vida de otra manera. De aquel "empuje" de Alfred Kinsey, la pequeña parcela de libertad que tenemos hoy en día.

Sabía que <u>la teoría me daría por sí misma la solución</u> en el reparto de población, como sabía, porque en los procesos de descubrimiento a veces se sabe y ya está, que ese número específico de la población de cada orientación me lo entregaría la propia estructura. Un círculo cerrado, un circuito. Era, y es, una ley del reparto de población sobre la *línea het-bi-hom*. Todo dentro del *Espacio Het-Bi-Hom*: el principio y el final, los datos, las conclusiones.

Era una ley de la naturaleza, y como tal se trata de un círculo que se cierra, y que existe en sí mismo sin dependencias externas, que gira produciéndose a sí mismo. Sabía que me lo daría todo: el principio y el final, el razonamiento y las conclusiones, porque todo ello estaría en ella, en la ley. Había descubierto una ley de la naturaleza, una ley natural. Lo sabía ya antes de terminar el descubrimiento-investigación.

El descubrimiento de…

…la barra de población.

El 40 y el 100.

Tras finalizar el descubrimiento de la "Ley de comportamiento de los *Puntos Generales*" o *Ley de los Puntos Generales*, y comprender por medio de un simple dibujo pero sin nada firme y seguro en la mano, que eran ellos quienes daban valor numérico a sus *componentes* (*grupos sexuales*) y no al revés, una nueva sensación o intuición me hizo saber que <u>ya no había más teoría por descubrir hacia arriba</u>, que habíamos llegado a una especie de techo y que, en ese momento, el movimiento de descubrimiento del conocimiento giraba hacia la <u>derecha</u> del propio dibujo; a mi izquierda. La energía se encontraba hacia otra parte y hacia allí se movía mi atención, de forma magnética, intuitiva, extrahumana. El rastro perceptible de la existencia de la verdad me llevaba tras él en busca de ésta. La "presencia de cuerpo", la limpia del esqueleto, seguía, aunque en otra dirección.

Observé lo que tenía delante:

- una barra horizontal con números y letras (3he, 2he, 1he, 0, 1ho, 2ho, 3ho) bajo ésta; códigos que se referían a otros conceptos;

- Y cuatro letras suspendidas en el aire (A, B, C, D), que contenían en ellas un valor numérico desconocido; valor que la intuición, el instinto, la energía de la verdad me habían dicho que procedía de la derecha de ese mismo dibujo.

Llegado ese momento sabía ya ante lo que estaba: una **gráfica**. Ello me hizo acordarme de algo aprendido en alguna clase de matemáticas de bachillerato: las dos barras de un gráfica tienen nombre, eje de abscisas y eje de ordenadas.

En el dibujo ya tenía la barra horizontal o eje de abscisas. Me faltaba la otra, así que la dibujé: una barra vertical (eje de ordenadas) a la derecha del dibujo, justo donde sentía que se escondía ahora la información a descubrir. Sabía que esa era la barra que me daría el número de población para cada *Punto General*, y entendí, siguiendo el rastro de la teoría oculta, que las *líneas de unión* eran sólo la parte visible de unas líneas más largas; que en realidad se extendían hacia la izquierda, hasta tocar la *barra vertical* de la *gráfica* o eje de ordenadas, de donde en realidad provenían, dibujando en ella cuatro puntos o alturas.

Llegar hasta este nivel me llevó tiempo. Cada vez descubría aspectos más importantes de la teoría, e intuirlos y comprenderlos, desvelarlos, era un proceso más largo, intenso, profundo, con más dibujos erróneos en mis papeles sucios y más vueltas a la cabeza. Sabía lo que debía hacer: dar vueltas y más vueltas a lo mismo, dibujando una y otra vez, explicándomelo a mí mismo, hasta que la cabeza, de pronto, parase en el punto de razón, en el entendimiento, hasta que le diese tiempo al entendimiento (que al contrario de la intuición, que es instantánea, necesita del factor tiempo) a madurar las ideas o, al revés, hasta que la idea decisiva madurase en la cabeza.

Al "colocar" las cuatro alturas en la misma barra, la vertical, la que había entrevisto y me había hecho entender que, efectivamente, se trataba de una gráfica en la que se reflejarían los números de reparto de población, al instante, de forma intuitiva, en un solo movimiento de cabeza y de mano, escribí <u>cuatro números</u> en orden en las cuatro nuevas alturas encontradas: 10, 20, 30, 40.

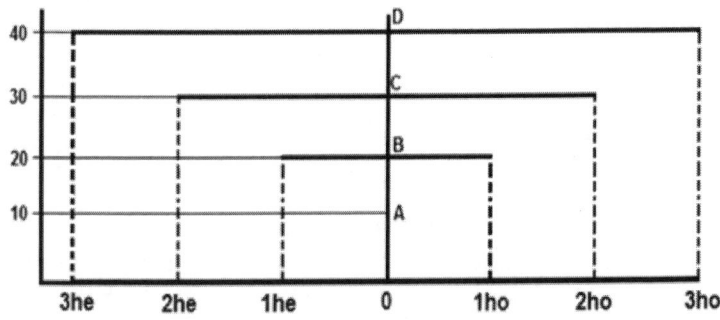

¿Por qué esos números? ¿Sólo porque iban en orden? Sí, sólo por esa razón. Bien podrían ser otros ya que en la línea de atracción iban del 50 al 100 – aunque sí es cierto que en las dos *líneas de valor restante,* la homosexual y la heterosexual, el valor se representa entre el 0 y el 50.

Pensé, intuí, que esos números eran porcentajes; y que se trataba exactamente de los porcentajes de población. De pronto, los sumé y, al hacerlo, descubrí algo importante: sumando los cuatro valores, llegábamos a *un único número*: **100**. ¡100%!

¿Qué significaba ese 100%? Un 100% de población, supuse. Pero, ¿el 100% de toda la población sexual; de todas las orientaciones sexuales?

No. Únicamente el 100% de las personas que pertenecen a la *línea het-bi-hom,* a las siete orientaciones sexuales, a lo que después entendemos como el *Espacio Het-Bi-Hom.*

Era el primer gran signo de que, en efecto, yo llevaba razón: el entramado era y es una ley. Ese 100 era un valor general que se dividía en otros secundarios, que eran valores a repartir. Ya sabemos que, más adelante, tres de esos cuatro valores también deberían dividirse para llegar a los *componentes* o *grupos sexuales.*

La *barra de porcentajes de población* mantiene el tanto por ciento como unidad de medida. Muestra y otorga los *valores de población* en forma de porcentaje: el 10% de población, el 20% de población, el 30% de población y el 40% de población.

Derivado de esto recién explicado, me resumí tres ideas sobre esta barra para ser consciente de todo el conocimiento:

   1 – Que era una barra del porcentaje de población a repartir.

2 - Que no todo el cien por cien de toda la población en lo relativo a la sexualidad humana se encontraba ahí, sino que se limitaba al 100% de la población reflejada en la línea primera (*línea het-bi-hom*) que ya era la base de la teoría, los pies: la población heterosexual, bisexual, homosexual y las cuatro flexibilidades.

3 – Que la suma de otros porcentajes, en lugar de los cuatro ya marcados, o bien se pasaba de cien o no llegaba. Por ejemplo, números acabados en cinco – 5, 15, 25, 35 -, o sumar el 50 en vez del 10% (puesto que sabía que eran cuatro valores generales). Comprendí que 10%, 20%, 30% y 40% eran los porcentajes correctos, como así me lo había dicho mi intuición de un solo golpe.

Parece, por tanto, que con estos resultados ya estaba todo hecho. Pero no.

- **Una semana más para aceptar el 20% de homosexualidad.**

Aceptar esos cuatro números (10, 20, 30, 40) como verdaderos así como su posición me llevó un tiempo. No me fiaba de lo descubierto "a la primera". Todavía no me había acostumbrado a fiarme de la verdad que proviene del instinto y la intuición. Fue la parte más larga y complicada de todo el proceso. Además, a todo eso se añadía un prejuicio proveniente de mi educación: el resultado me daba (lo veremos más adelante) un 20% de homosexualidad. Me parecía excesivo y no lo podía aceptar.

Dudé durante una semana más, un 25% del tiempo total invertido en el proceso de descubrimiento, sobre el comportamiento de los *Puntos Generales*; sobre cómo debían ordenarse las *líneas de unión* en el espacio de la gráfica. Dibujé al azar distintos órdenes de estas líneas, obteniendo distintos porcentajes en los grupos sexuales. Fue un auténtico quebradero de cabeza; a veces, desalentador. Pero sabía que todo ello tenía su razón de ser y que antes o después lo resolvería. Como ya he dicho, en aquellos momentos no estaba curtido por la experiencia. Nunca había descubierto nada y aún no conocía el enorme poder del instinto y de la intuición, que huelen, sienten, la verdad. Di mil vueltas para llegar "a lo sabido" desde el primero momento o contacto con estos valores.

Sólo cuando me llegó a la mente la idea de <u>dividir la gráfica en dos espacios distintos</u>, uno en el que representar el valor y otro para las *líneas de unión*, entendí toda la importancia de la <u>ley de la simetría en la gráfica</u>.

La gráfica aumentó de tamaño. Se trataba de un dibujo más grande aunque también más sencillo y claro; con un comportamiento más fácil de entender. Al realizarla comprendí que había un eje más, que ya eran en total dos y, por tanto, dos comportamientos vinculados a ellos:

- el de las *líneas de valor*, que desembocarían en los *Puntos de Valor*;

- y el de las *líneas de unión*, que darían lugar a los *Puntos de Unión*.

Pero eso ya es otra parte.

Pasemos al apartado final.

El descubrimiento de…

…el Eje Norte-Sur.

Me quedé mucho tiempo atascado en la gráfica anterior. Sabía que había teoría por descubrir, que estaba en el dibujo, pero no era capaz de visualizarla ni descifrarla. No sabía si la tenía delante y no conseguía verla, o si quizá había realizado mal los dibujos que me servían de asidera y, nuevamente, un dibujo mal realizado me llevaba a equivocación o, al menos, a falta de información. Como en casi todo el proceso resolví esta parte a la primera, con el enorme poder del instinto, de la energía sentida que nos lleva magnéticamente a lo grabado en la Verdad, pero mi mente crítica y desconfiada, educada en asimilar y a creer únicamente en lo que se ve, pero acostumbrada a analizar, a dudar, me mantuvo durante casi una semana buscando otras formas posibles de formación de la gráfica, de posición de los distintos elementos.

Que no, que no podía ser que hubiese dado tan rápido con los cuatro valores (10%-40%), que no podía haber entendido tan bien las posiciones o alturas, que no había llegado en un "plis, plas" a los resultados. Que no, que en tres semanas no. Al final fueron cuatro. Invertí casi una semana más en asegurarme que lo descubierto desde el instinto y la intuición era aceptado por la razón y en aceptar el 20% de homosexualidad.

Por eso decidí aumentar el tamaño de la gráfica, separando los elementos de la misma.

En esta segunda parte explicaré el descubrimiento de un nuevo eje (en el llamado eje de abscisas), el *Eje Norte-Sur*, que ejercerá su influencia sobre los elementos de la gráfica de la misma manera que hemos visto que hace el primer eje, ahora llamado *Eje Izquierda-Derecha*.

No es un eje estrictamente necesario en esta construcción; ni siquiera sé si existe en ella puesto que se trata de una extensión de la teoría para poder yo explicarme a mí mismo de una forma más precisa el comportamiento de los elementos entre sí y la función que cumple cada uno.

- **La aparición de un nuevo eje: el Eje Norte-Sur.**

Recordemos que los *Puntos Generales* están conformados por el <u>Punto de Unión</u> de los dos *grupos sexuales hermanados* y el <u>valor</u> proveniente de la *barra de población*, que hemos descubierto hace poco (el Punto de Valor). Cuando entendí la existencia de los *Puntos Generales* aún no había descubierto esta barra.

Tras días atascado, sabiendo que había información latente que descifrar, de pronto decidí separar las *líneas de valor* y las *uniones* (*Puntos de Unión*) y dibujarlas en dos planos distintos dentro del mismo gráfico. Ello me daba consciencia de la existencia de un nuevo eje, la barra horizontal de la gráfica, el eje de abscisas, aquí llamado *Eje Norte-Sur*. Las *líneas de valor* se mantenían sobre el nuevo eje y las *uniones* o *Puntos de Unión*, bajo este mismo.

Lo que resultó fue el siguiente gráfico.

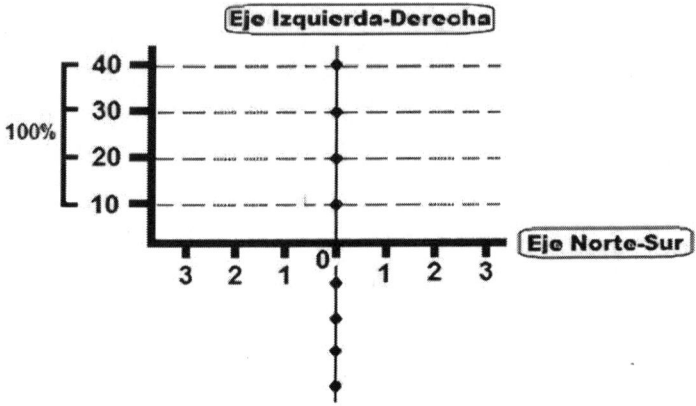

Una misma gráfica con dos planos de representación de la información, el superior y el inferior, y con un nuevo eje descubierto: el *Eje Norte-Sur*.

Entendí que, a partir de ese momento, teníamos **tres elementos** a los que el comportamiento de ambas partes obedecía:

1 – El *Eje Izquierda-Derecha*, que era el antiguo eje, el vertical.

2 – El *Eje Norte-Sur*, que es el horizontal.

3 – El punto medio entre ambos, el *Punto 0-0*, justo en el cincuenta por ciento de la *barra horizontal* (gradación), justo en el *grupo sexual 0*. En este dibujo, este mismo punto no se refiere al porcentaje de atracción ni al *grupo sexual*, ni siquiera a un cero por ciento de porcentaje de población si lo entendiéramos como parte del *Eje Izquierda-Derecha* (que recibe los valores de población de la *Barra de población*), sino

que este punto representa las relaciones entre los dos tipos de puntos de los dos ejes.

Al fin y al cabo, era, y es, lo mismo que me había representado en una sola gráfica, pero en esta ocasión en dos. Desgranar, explayar la información a veces ayuda a entenderla mejor. Me ayudó a ver el comportamiento propio de cada parte, siempre partiendo de la ley del *Eje simétrico Izquierda-Derecha*; y después pude visualizar sin problemas la correspondencia, la <u>correlación entre los puntos de la primera y de la segunda</u> que, a fin de cuentas, en el dibujo del punto anterior, eran los cuatro mismos puntos, pero con doble función cada uno.

En esta segunda parte, <u>la relación entre ambos tipos de puntos</u> estaría sometida a la influencia del *Punto 0-0* o del *Eje Norte-Sur*, según la opción que tomemos, aunque llegamos al mismo resultado. Esta opción puede ser: equidistancia de los puntos desde el *eje* o creación de la *barra de información*.

¿Cómo es el comportamiento en esta gráfica?

La gráfica está dividida en dos partes o sub-gráficas por el *Eje Norte-Sur*. La **mitad superior** es aquella en la que vemos la <u>expansión del valor</u> hacia el *Eje Izquierda-Derecha*. La **inferior** es donde se realizan las <u>uniones entre los dos *grupos sexuales* correspondientes</u>. Estas uniones se materializan en los *Puntos de Unión*.

Veamos una explicación más completa de los ejes y de las mitades en el siguiente apartado.

✓ **Funciones de los ejes.**

¿Cuál es la función exacta de cada eje en la gráfica?

El **Eje Izquierda-Derecha** divide cada sub-gráfica en dos partes. Su función principal es alojar en él a ambos tipos de puntos. Podemos dividirlo en *Eje Izquierda-Derecha Norte*, en el que encontramos los *Puntos de Valor* y *Eje Izquierda-Derecha Sur*, donde están los *Puntos de Unión*.

El **Eje Norte-Sur** divide la gráfica en dos mitades para poder separar la información y que no formen parte de un todo en el que sea difícil comprender el comportamiento de los dos tipos de puntos. Las dos mitades son: superior o norte e inferior o sur.

Asimismo, el **Punto 0-0** establece la relación de igualdad entre los puntos existentes en ambas mitades del *Eje Izquierda-Derecha* relacionando ambos tipos de puntos, los de *Valor* con los de *Unión*.

La existencia de ambos ejes es elemental para el reparto equitativo de la población. Son los que crean la ley de la equidistancia.

- **Mitades de la gráfica.**

Mitad Superior o Norte: Mitad de expansión del valor.

En esta primera parte es donde la *Barra de población* (o *barra de porcentaje de población*) extiende su dominio hasta el *Eje Izquierda-Derecha Norte*.

Cuatro *líneas de valor* provenientes de los cuatro porcentajes de la *barra de población* crean otros cuatro puntos en el *Eje Izquierda-Derecha Norte*. En esta mitad superior son, por lo tanto, **Puntos de Valor**. En ellos queda albergado el porcentaje de población de cada línea.

A estos cuatro puntos les pondremos nombre partiendo, por supuesto, del *Punto 0-0* (la unión entre ambos ejes). El primero de ellos será *P.V.1* (*Punto de Valor 1*) y valdrá 10%. El segundo será *P.V.2* (*Punto de Valor 2*) y su valor será de un 20% de la población. *P.V.3* (*Punto de Valor 3*) recibe el 30% y *P.V.4* (*Punto de Valor 4*), el 40% de las personas a repartir.

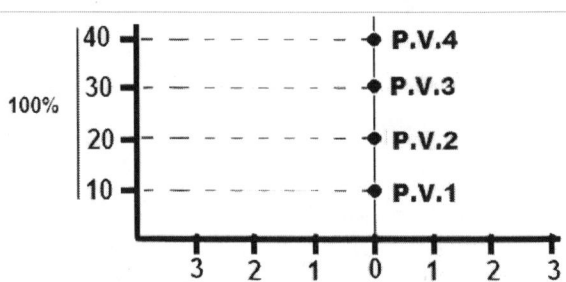

Mitad Inferior o Sur: Mitad de establecimiento de las uniones entre *grupos correspondientes* en el *Eje Izquierda-Derecha Sur*.

Podríamos decir que en esta segunda mitad es en la que los *grupos sexuales correspondientes* se unen en los **Puntos de Unión**, dando lugar a una *Unión General*.

El *Punto 0-0* realiza su función de simetría y, al haber cuatro puntos en la mitad superior, deberemos tener, igualmente, cuatro puntos en la mitad inferior; y estos deberán encontrarse a la misma distancia del eje y a la misma distancia entre ellos, tal y como ocurre en la mitad superior. Simetría pura y dura. Se alojarán también en el *Eje Izquierda-Derecha*, en este caso, *Sur*. Esos puntos de la mitad inferior serán los que darán forma a las *Uniones Generales*.

El primero en salir desde el _punto 0_ de los dos ejes es justamente el _grupo 0_ (_bisexualidad absoluta_). Este grupo sale y llega al primer punto. En este caso no se trata de una unión como tal debido a que este grupo no tiene otro _grupo correspondiente_. Se trata de un _Punto de Unión mono-componente_. Es _P.U.1_ (_Punto de Unión 1_).

El siguiente grupo en respetar las leyes de ambos ejes son los _grupos 1he y 1ho_. Toman el siguiente punto, el segundo en distancia desde el eje, creando el _Grupo Sexual General 1_ y formando el segundo _Punto de Unión_ o _Punto de Unión número dos_ (_P.U.2_).

Los _grupos sexuales hermanados o correspondientes 2he y 2ho_ son los dos siguientes en la búsqueda de unión. Llegan al tercer _Punto de Unión_ y crean el _Punto de Unión número tres_ (_P.U.3_), que posteriormente conoceremos como _Grupo (Sexual) General 2_.

Y finalmente _3he_ y _3ho_ parten del _Eje Norte-Sur_ hacia la mitad inferior y, al unirse en el último punto en distancia desde el _Punto 0-0_ del eje, forman el _Grupo Sexual General 3_ y el _Punto de Unión número cuatro_ (_P.U.4_).

Ahora ya somos capaces de ver que tenemos un número común de puntos en ambas mitades: cuatro _Puntos de Valor_ arriba – _P.V.1, P.V.2, P.V.3, P.V.4_ – y cuatro _Puntos de Unión_ abajo – _P.U.1, P.U.2, P.U.3, P.U.4_ -.

Tendremos que relacionarlos para poder llegar al conocimiento de qué porcentaje de población recibe cada _Grupo General_ y, posteriormente, tras aplicar la _Ley de los Puntos Generales_ lograr averiguar el número que recibe cada _grupo sexual correspondiente_.

Recordemos que lo que hace la *Ley de los Puntos Generales* es dividir el valor del punto en dos partes iguales entre los dos *componentes* de ese punto.

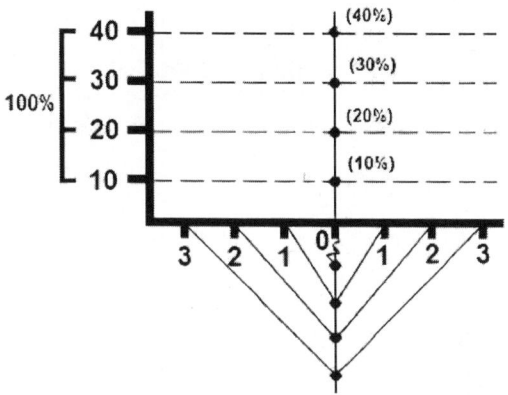

- **Relación entre los puntos de ambas mitades. Puntos equidistantes.**

Hay dos formas posibles en este apartado:

1- Mera equidistancia.

2- Los *Puntos Generales*: creación y resolución de los mismos.

Ambas harán uso de la simetría impuesta por el *Eje Norte-Sur* y el *grupo 0-0*.

1. Primera forma de interrelación: mera equidistancia.

En esta primera forma de relación posible entre los dos tipos de puntos, acudiremos a la influencia del *Punto 0-0*, localizado en la unión entre ambos ejes. Nuevamente, la ley que imperará será la *ley de la equidistancia*: los puntos que se encuentren a la misma distancia del *Punto 0-0* son iguales, se interrelacionan.

Así, podemos hablar de cuatro distancias desde el *Punto 0-0*:

Distancia 1 - que es la más cercana.

Distancia 2 - segunda en cercanía-lejanía.

Distancia 3 - tercera más cercana.

Distancia 4 - la más lejana del *Punto 0-0*.

De esa manera, los "puntos 1" (*de Valor* y *de Unión*) se relacionan. Lo mismo con los segundos puntos en lejanía del *Punto 0-0* o lo que es lo mismo, distancia 2. Los terceros puntos van juntos; e igual comportamiento los cuartos.

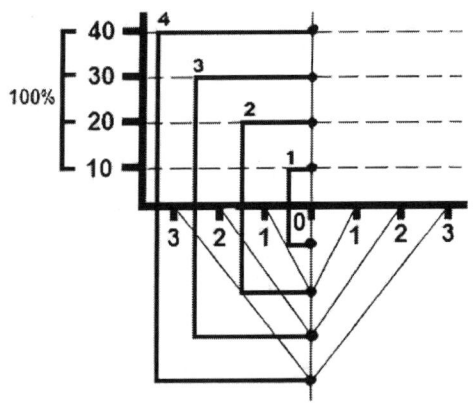

Por lo tanto, conseguido ya el desarrollo máximo de teoría en ambas mitades que es la creación de sus puntos, ahora sólo queda igualarlos, sumar, conectar sus informaciones.

Vamos a ello.

- ***Punto de Valor 1 = Punto de Unión 1.***

Los puntos más cercanos a *0-0* son el *Punto de Valor 1* en la parte superior y el *Punto de Unión 1* en la parte inferior. El *P.U.1* pertenece al único *Grupo Sexual General 0*, por lo que este *grupo sexual* recibe todo el valor de *P.V.1* que es un 10% de la población.

La **bisexualidad absoluta** se queda con un 10% de la población de la línea.

$$P.V.1 = P.U.1$$

$$\text{Grupo } 0 = 10\%$$

- ***Punto de Valor 2 = Punto de Unión 2.***

La siguiente relación ejercida desde el eje es la de los segundos puntos desde el mismo.

P.V.2 vale un 20% de la población. El *Punto de Unión 2* está formado por el *Grupo (Sexual) General 1,* que a su vez contiene a los *sub-grupos* o *componentes 1he y 1ho.*

Las **flexibilidades de primer grado** también reciben cada una un 10%.

$$P.V.2 = P.U.2$$

$$20\% = \text{Grupo (Sexual) General } 1$$

$$20\% = 1he, 1ho$$

$$1he = 10\%, 1ho = 10\%$$

- ***Punto de Valor 3 = Punto de Unión 3.***

Terceros puntos. El tercer *Punto de Valor* se equiparará con el *Punto de Unión 3*. El **segundo grupo de flexibilidad** recibe un 30% de la población. El *Grupo (Sexual) General 2* dividirá en dos partes iguales su valor. *2he* obtendrá un 15% y *2ho,* otro 15%.

$$P.V.3 = P.U.3$$

$$30\% = \text{Grupo (Sexual) General 2}$$

$$30\% = 2he, 2ho$$

$$2he = 15\%, 2ho = 15\%$$

- ***Punto de Valor 4 = Punto de Unión 4.***

Y finalmente relacionamos desde la igualdad del eje los dos puntos más alejados de cada mitad, *Punto de Valor 4* y *Punto de Unión 4*.

P.V.4 contiene en su interior al 40% de la población.

Punto de Unión 4 está formado por el *Grupo (Sexual) General 3*, que, a su vez, contiene a *3he* y *3ho*.

Las dos orientaciones absolutas de los extremos de la línea, **heterosexualidad absoluta** y **homosexualidad absoluta** reciben un 40% de la población, que se divide en dos mitades iguales.

$$P.V.4 = P.U.4$$

$$40\% = \text{Grupo (Sexual) General 3}$$

$$40\% = 3he, 3ho$$

$$3he = 20\%, 3ho = 20\%$$

2. Segunda forma de interrelación: Puntos Generales, creación y resolución de los mismos.

Si en lugar de buscar la relación de los puntos y su resolución por medio del eje y el *Punto 0-0* decidimos extender la información y el desarrollo de esta gráfica, llegamos a la misma solución; eso sí, esta vez con una explicación más prolongada, aunque también más clara.

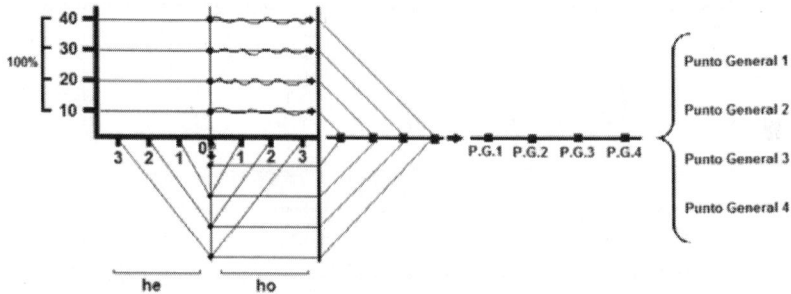

Llevando hasta el final de la gráfica la influencia de los nuevos puntos llegamos hasta el extremo de ésta en el que podemos crear una *Barra de reflejo de los valores y de las uniones* (mitad norte y mitad sur, respectivamente) o *Barra de reflejo de la información* (para cuatro mitades, es una barra general). Desde esa barra, aplicando nuevamente la equidistancia, unas nuevas líneas (*Líneas oblicuas de reflejo de la información*) reflejarán su información en una línea horizontal (*Línea de creación de los Puntos Generales*) en la que la conexión de los dos tipos de puntos dará lugar a cuatro nuevos tipos de puntos, que no son más que los *Puntos Generales*, que ya expliqué en la segunda parte de la teoría.

Dibujar la línea en un paso posterior (*Línea de los Puntos Generales*) nos ayudará a verla con facilidad y de ahí, un esquema nos permitirá exponer la resolución de los *Puntos Generales*.

Aunque el siguiente paso está claro, unifiquemos la unión de los dos tipos de puntos en un solo tipo: los *Puntos Generales*.

[Recordemos que en la segunda parte de este libreto a estos puntos los habíamos llamado A, B, C, D.]

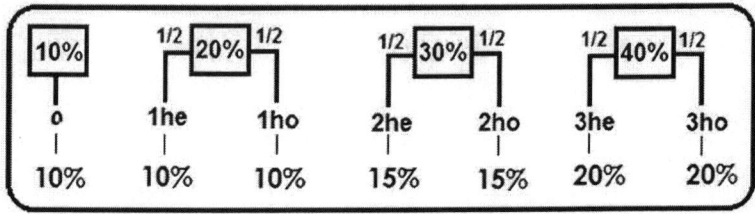

Pregunta final: ¿se ha cumplido la hipótesis número 3?

"En realidad sólo entre un 10-15% de la población son sólo heterosexuales o sólo homosexuales. La mayoría de la población se mueve en un terreno de cierta bisexualidad."

La primera mitad no se cumple. El porcentaje real asciende al 20%.

La segunda parte sí. Hay mayor número de personas que se mueven en la polisexualidad (60%) (bisexualidad absoluta y flexibilidades) que los que son exclusivamente heterosexuales o exclusivamente homosexuales (40% de monosexualidad).

Recuerdo que...

Recuerdo que el 25 de noviembre del 2015, a eso de las 8 de la tarde-noche, cuando finalmente di por correctos los resultados del *Espacio Het-Bi-Hom*, tras una semana de trabajo extra porque no aceptaba el 20% de homosexualidad ni la posición de los valores a repartir (10%, 20%, 30% y 40%) en la *Barra vertical*, a los cuales había llegado una semana antes de un tirón por medio de la intuición y el instinto, en el camino a casa desde la biblioteca pensé: "mañana cumplo 28 años y he descubierto los porcentajes de población de las orientaciones sexuales".

RESULTADOS, RESUMEN Y CONCLUSIÓN GENERAL

RESULTADO FINAL

La gráfica muestra que el reparto de población se realiza con la **unidad** descubierta al principio de esta teoría, el **tanto por ciento**; y también con la **igualdad** prevista. Encontramos el porcentaje en ambas partes "extremas" de todo el espacio: en la parte superior y en la inferior. En la parte <u>superior</u> (en realidad, interna) se trata del tanto por ciento de población; en la <u>inferior</u> (parte externa del propio cuerpo o estructura), el porcentaje de atracción afectivo-sexual hacia el sexo opuesto, ambos sexos o el mismo sexo.

En el interior del espacio encontramos la **simetría** y la **equidistancia**.

Nuevamente, comenzamos desde el eje a los extremos, desde lo más cercano al *Punto 0-0* a lo más alejado. De modo que:

1. El *grupo sexual 0* o *Grupo General 0* recibe un 10%, por lo que la **bisexualidad absoluta** obtiene el 10% de la población.

2. El *Grupo General 1*, formado por los *componentes 1he* y *1ho*, recibe el 20% de la población a repartir. Sus dos *grupos sexuales*, **heteroflexibilidad de primer grado** y **homoflexibilidad de primer grado**, contienen un 10% de la población cada uno.

3. El *Grupo General 2* se queda con un 30% de la población. Un 15% para *2he*, **heteroflexibilidad de segundo grado**, y otro 15% para *2ho*, **homoflexibilidad de segundo grado**.

141

4. El *Grupo General* 3 obtiene la cifra más alta, un 40% de toda la población. La **heterosexualidad absoluta** (*3he*) y la **homosexualidad absoluta** (*3ho*) contienen cada una el 20% de las personas del *Espacio Het-Bi-Hom*.

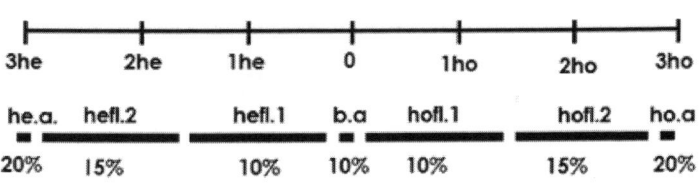

DIBUJO COMPLETO DEL PROCESO

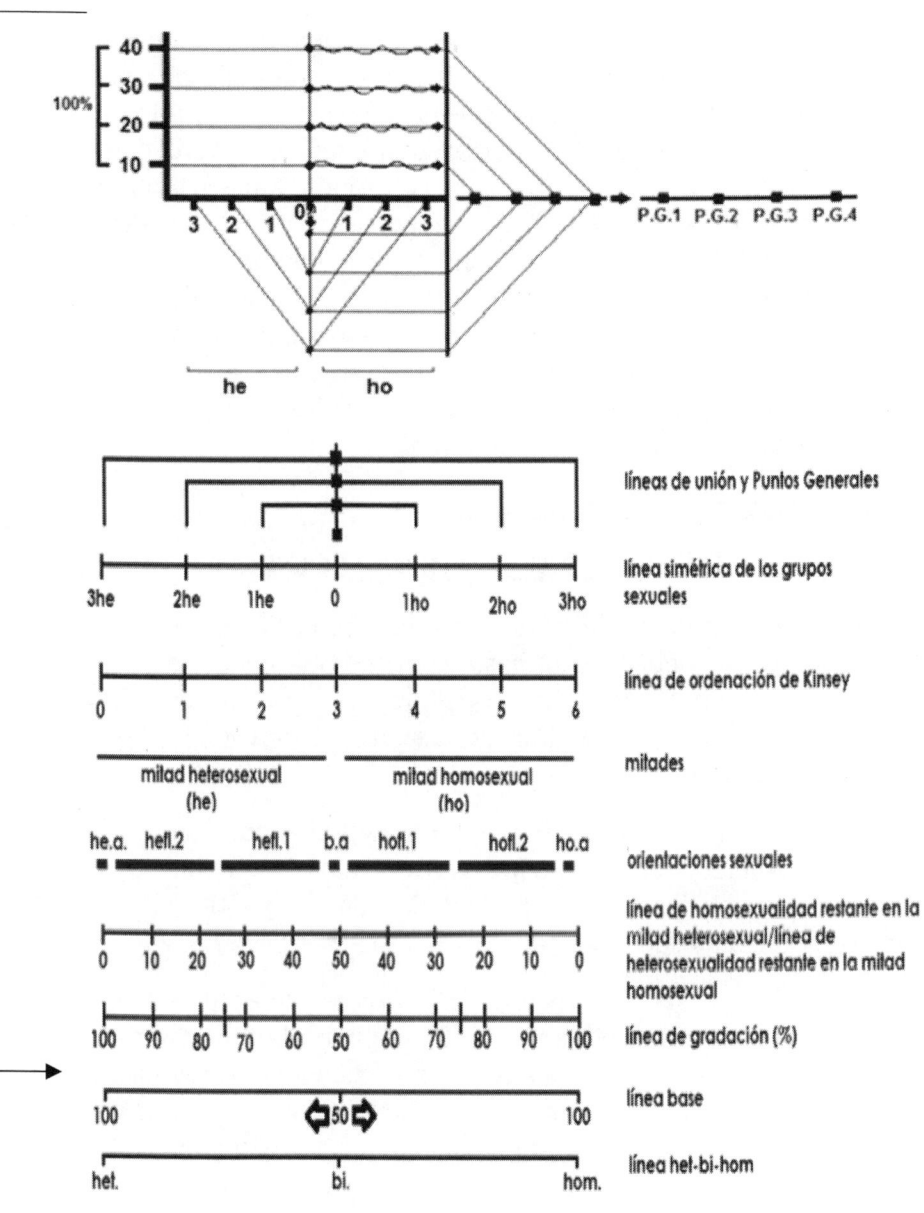

Éste es el dibujo completo de la teoría.

Podemos leerlo de abajo arriba – como ha sido desvelado y explicado; recordemos que mi sensación durante el proceso de desvelado era el de estar desenterrando un cuerpo – o al revés, de arriba abajo, que es el verdadero movimiento de la teoría; del cerebro a los pies. Dividiré toda la teoría en <u>dos dibujos explicativos</u> de los que describiré cada paso y cada función. Sus nombres serán *dibujo 1* o *inferior*, que es la mitad base del dibujo, los pies y el cuerpo de la teoría; y *dibujo 2* o *superior*, la parte "cerebral" del mismo, en el que se lleva a cabo el reparto de población, dotado de menor tamaño y quizá, podemos decir, de mayor importancia.

<u>Explicación-resumen del dibujo</u>.

- **<u>Dibujo 1 o inferior</u>: cuerpo de la teoría.**

La *línea het-bi-hom* sobre la que todo se sustenta: desde el conocimiento hasta el primer momento de duda e investigación. <u>El inicio del pensamiento</u>. Muestra la relación o conexión entre la heterosexualidad, bisexualidad y homosexualidad.

La *línea base* fue el verdadero comienzo del desvelado, cuando supe darle números a las tres orientaciones que ya tenía colocadas: 100-50-100, en porcentajes de atracción.

Línea de gradación. El primer avance en el descubrimiento de la teoría. Descubierta la vida interior (numérica) de la línea y de que ésta queda regida y regulada por una unidad de medida o de relación, que es el *tanto por ciento* de atracción afectivo-sexual. Los intervalos se mueven del cincuenta al cien, en grados mayores, y nos clasifican o crean un total de *siete orientaciones sexuales*.

Por el contrario, tenemos otra línea, llamada *de grados restantes* o *complementarios*, dividida a su vez en dos mitades. Una de ellas es la **mitad de homosexualidad restante en la parte heterosexual**. La otra, la **mitad de heterosexualidad restante en la parte homosexual**. Ambas se miden en "grados menores", es decir, del cincuenta al cero por ciento.

Línea de ordenación de Kinsey. Kinsey otorgó una clasificación numérica a la línea. Su clasificación se mueve de la izquierda a la derecha, en el sentido occidental de escritura.

La *línea simétrica*, *línea de ordenación simétrica* o *línea de ordenación numérico-simétrica* es la línea dibujada por mí para enfatizar la existencia de la simetría en la línea, para destacarla. Parto del centro, con el número cero, a los extremos, con ambos números tres. Los tres grupos numéricos de la parte heterosexual son acompañados con el apellido "**he**". Los de la parte homosexual llevan "**ho**". Se llaman *grupos sexuales*. De ahí, *Grupos (Sexuales) Generales*, *Uniones Generales* y *Puntos Generales*, aunque estos últimos también pertenecen al cerebro.

- **Dibujo 2 o superior**: cerebro de la teoría.

El cerebro de la estructura.

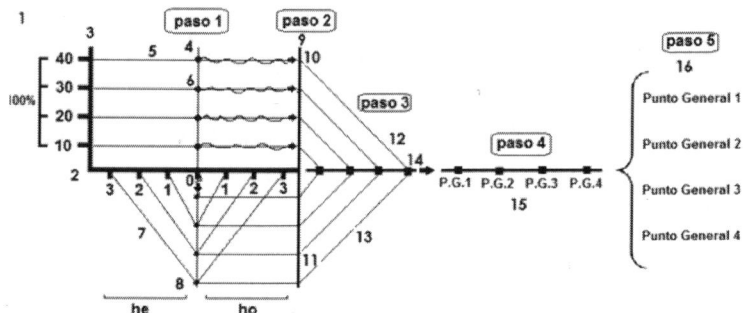

Las *líneas de unión*, de alguna manera, suponen el comienzo de la investigación en la parte cerebral de esta estructura. Son la conexión entre *orientaciones hermanadas*, es decir, aquellas que están a la misma distancia del *Punto 0* o *eje*. En su unión con el eje, descubrimos los **Puntos Generales**, la esencia de la igualdad. Ello nos demuestra que el reparto equitativo existe. Son ellos quienes lo realizan. Además, nos llevarán a la existencia física de los cuatro valores a repartir y la barra que los sostiene: **la *barra de porcentaje de población*.**

1- Es una gráfica.

2- El *Eje Norte-Sur*. Divide la gráfica en dos mitades: la superior y la inferior o la norte y la sur. También contiene los *grupos sexuales*.

3- **Barra de** *valor* o de **porcentaje de población**. En ella están los cuatro valores a repartir. Estos valores provienen de una unidad superior, el 100%, que se refiere a toda la población sexual

146

existente en el *Espacio Het-Bi-Hom*, no a toda la especie humana.

4- ***Eje Izquierda-Derecha***. En sus dos mitades, la izquierda y la derecha, se alojan los *Puntos de Valor* y los *Puntos de Unión*, respectivamente.

5- ***Líneas de expansión del valor***. Llevan el valor de los cuatro puntos de la *barra de porcentaje de población* al *Eje Izquierda-Derecha*. Depositan en éste sus cuatro valores.

6- ***Puntos de Valor***. Se alojan en el *Eje Izquierda-Derecha Norte*.

7- *Líneas de búsqueda de la unión*. Comenzamos desde el *Punto 0-0* hasta el último grupo, el 3, que es quien accede al último *Punto de Unión*. El grupo más distante se queda con el punto más distante.

8- ***Puntos de Unión***. Tenemos cuatro. La simetría hace que lo que hay en una mitad, lo haya en la otra. En este caso, en la mitad superior tenemos cuatro *Puntos de Valor*. Ello hace que en la inferior o sur deba haber otros cuatro. No serán de valor, sino de unión.

9- ***Barra de reflejo de la información*** o de los puntos. La utilizaremos para comenzar la relación entre los dos tipos de puntos de una forma más perceptible y extensa.

10- *Puntos de Valor* en la barra de reflejo de la información.

11- *Puntos de Unión* en la barra de reflejo de la información.

12- *Líneas oblícuas de extensión del valor.*

13- *Líneas oblícuas de extensión de la unión.*

14- *Línea de creación de los Puntos Generales. Puntos Generales.* Estos puntos son la interrelación de los *Puntos de Valor* con los de *Unión*, respetando la ley del eje, que hace que siempre parta primero el punto que más cerca se encuentre del mismo. En vez de P.G.1, P.G.2, P.G.3 y P.G.4 podemos llamarles A, B, C y D.

15- **Línea de los *Puntos Generales*.** He dibujado esta línea en equilibrio con el resto de esta parte de la estructura. Ahora sí la visionamos adecuadamente. Una línea con cuatro puntos que ya contiene en sí toda la información posible. Ahora sólo queda resolver esa unión por medio de la *Ley de los Puntos Generales*.

16- Resolución de los *Puntos Generales*.

CONCLUSIÓN GENERAL Y COMENTARIOS

Para terminar la explicación de los conocimientos de este espacio resumamos lo más importante.

Recordemos que los <u>dos elementos principales</u> que dan forma a esta teoría son el **porcentaje** y la **relación simetría-equidistancia**. Y que ambos influyen en otros dos elementos de rango inferior: <u>la atracción y la población</u>, y <u>la forma y el contenido</u>, respectivamente.

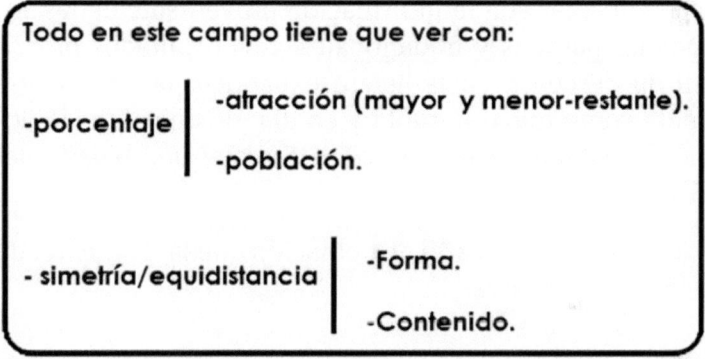

Analizando los estratos físicos de la estructura en sí, percibimos tres niveles principales: en el inferior se expresa el orden de atracción hacia los dos sexos tradicionales. Después, tras el porcentaje de atracción saldrán las orientaciones sexuales y de éstas, la igualdad y los Puntos Generales, uniones más valores. Y, finalmente, descubriremos los porcentajes de población a repartir.

% de población
- general a repartir
- de las orientaciones

cuerpo de la estructura

atracción hacia sexos
(opuesto - ambos sexos - mismo)

Podemos ver que los porcentajes finales poco o nada tienen que ver con la información proveniente de <u>las sociedades pasadas y tradicionales</u>. Los resultados proponen un descenso en la heterosexualidad, la orientación creída como mayoritaria hoy en día, de un estimado actual de 85% a un exacto 20%. Supone una bajada del 65%.

La gráfica de reparto de población queda, por tanto, de la siguiente manera.

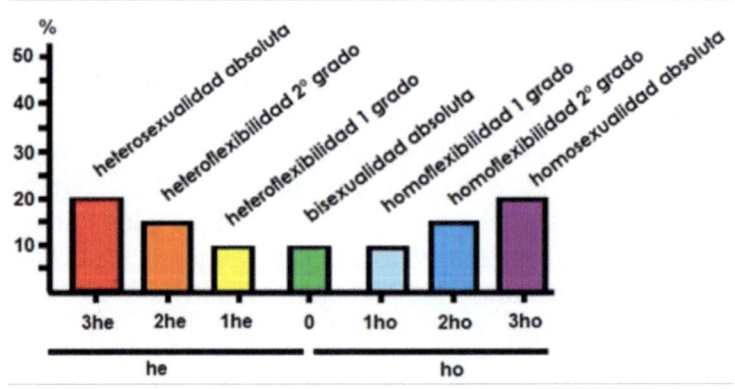

- **Conformidad con los resultados.**

Sé que la concordancia entre la estructura y la vida misma es real, que no se trata de una simple coincidencia, que es una relación entre la Naturaleza y el ser humano, que pertenece a ésta y la Vida, con los comportamientos de las matemáticas utilizados como medio, como modo de mecanismo de estructuración y regulación.

No me atrevo a asegurar que mi conformidad con los resultados sea plena. No por ella, sino por mí: estoy seguro de haber entendido correctamente el comportamiento de toda la teoría; y, en especial, el de la gráfica de reparto de población, cuyo comportamiento es el más difícil de comprender. He desvelado la ley de forma satisfactoria.

Pero dudo. A pesar de que sé que el desvelado y entendimiento de la información han sido correctos, de lo muy seguro que estoy de haberla comprendido adecuadamente, siempre es aconsejable mantener viva y activa la actitud de duda. Será que me he acostumbrado a dudar y refutar. Prefiero eso a lo contrario.

Aun así, observo a las personas y lo que veo en ellas me acerca más a mi ley que a lo que la sociedad misma muestra en sus formas sociales.

- **Realización de una práctica de comprobación de resultados.**

Ésta es la segunda parte de todo el proyecto. La primera, a la que no debemos subestimar, son la observancia, la reflexión y la creación de hipótesis de forma intuitiva.

Queda la <u>parte práctica</u>. Se hace necesaria la realización de una práctica para demostrar la validez de la ley a ojos de los demás, que no a los míos. Quiero aclarar que considero imposible una fidelidad absoluta entre resultados si el desarrollo de la actividad consiste en un grupo de personas informando sobre su orientación sexual. Siempre pueden mentir o siempre pueden no conocer a fondo su verdad. El objetivo de la práctica no sería la coherencia absoluta entre resultados, sino la aproximación.

A priori, la deducción de la teoría ha sido realizada de forma correcta. Aún sin haber realizado una práctica de comprobación de resultados en un grupo de población, yo ya doy estos por buenos, puesto que podemos ver la correlación entre las intuiciones que desencadenaron en las posteriores hipótesis y los resultados de la teoría. Por lo que tras el análisis de los datos finales entiendo que lo que despertó mi intuición en mi zona de España es cierto.

Las ideas que concebí por medio de mi instinto las desarrollé todas a lo largo de los años en un espacio pequeño y observable, entendiendo las situaciones de los jóvenes de mi generación. Por tanto, sé de antemano, y ya con el apoyo que me ofrece la teoría del proyecto, que en Quintanar esto se cumple. No es difícil entender, por tanto, que estos resultados son exportables al resto de España y al resto del mundo. A la humanidad. **Es una ley natural sobre la sexualidad humana**.

Cuanto antes se sumen mi zona de España (la sociedad local que he observado) y España y el resto de países (la sociedad general) al comportamiento inteligente, mejor para ellas y mejor para todos.

- **Comprobación de hipótesis.**

Repasemos las hipótesis.

En lo que se refiere a éstas, ¿se han cumplido las tres?

1. **Línea**. Las tres orientaciones sexuales principales están localizadas en una línea. Es una línea de relación entre ellas.

Se cumple.

2. **Igualdad**. El porcentaje de población de homosexualidad y heterosexualidad es el mismo.

Se cumple.

3. **Minoría**. Este porcentaje es entre un diez y un quince por ciento. El resto de la población se mueve en un terreno de cierta bisexualidad.

La primera parte de esta tercera hipótesis no se cumple, puesto que la heterosexualidad y la homosexualidad absolutas reciben un veinte por ciento cada una. Pero la segunda parte sí. El resto de orientaciones, que en suma de población hacen una pequeña mayoría, sí se encuentran dentro del espacio de la bisexualidad, o, mejor dicho, polisexualidad.

Mi idea inicial, mi sensación, era que la heterosexualidad y la homosexualidad absolutas eran los dos puntos que recibían menor número de población, entre un diez y un quince por ciento de ésta. Y ha resultado ser lo contrario. Son las que más reciben, pero sólo individualmente. En grupos de monosexualidad y polisexualidad sí son las que menos porcentaje contienen. Quizá en su día no supe entender bien lo que la intuición me decía o, más bien, llamaba bisexualidad a lo que en realidad es polisexualidad.

Por lo tanto, **se han cumplido dos hipótesis y media**.

- **Conclusiones.**

Para concluir recordemos que hemos desmontado al menos dos ideas principales:

1- No existen las excepciones en el terreno de la sexualidad. Las fantasías, deseos, emociones, sentimientos, experiencias de una persona se deben a su pertenencia a una orientación específica dentro de la línea.

2- No hay tres grandes orientaciones sexuales y mucho menos una gran orientación sexual (hasta hoy, la heterosexualidad), sino que son siete aquellas de las que hablamos en esta ley, reflejadas en la *línea het-bi-hom* dentro del *Espacio Het-Bi-Hom*. Todas ellas con porcentajes de población muy próximas entre sí.

A estas alturas, tras descubrir esta ley de reparto de población, entiendo que quizá también exista una ley que indique la población a recibir por parte de las otras orientaciones más minoritarias – asexualidad, etc.-, pero en este momento no sé nada sobre ello.

La validez de esta ley natural supone:

- Entender que "en la calle" deberíamos ver un número similar de parejas heterosexuales y homosexuales.

- La salida de la bisexualidad y de las flexibilidades de la invisibilidad y el desconocimiento sociales. Su salida a la cara visual de la sociedad.

- Que los medios audiovisuales y la cultura deberían reflejar esta igualdad en sus creaciones.

- El fin del rechazo hacia el matrimonio homosexual y su absoluta equiparación con el heterosexual. Igualar las familias homosexuales a las heterosexuales en todos los sentidos.

- Entender que una persona pase de una relación heterosexual a otra homosexual y viceversa con completa naturalidad.

- El final de la homofobia y bifobia sociales aún existentes en distintos grupos de las sociedades occidentales y la futura eliminación de las leyes homófobas, y su justificación, en los países más atrasados en este ámbito.

- La política, que es desde la que se regulan los otros ámbitos de la sociedad, debe contemplar la existencia de esta ley natural y realizar las políticas que sean necesarias en beneficio de la igualdad de las personas y ciudadanos, respetando las conclusiones de ésta y siendo coherente con todo aquello que podemos derivar del conocimiento de la existencia de esta ley natural en pro de una sociedad más amplia, desarrollada e inteligente.

- **Mayorías y minorías.**

Partimos de lo simple para alcanzar lo complejo. Por lo general, los grandes movimientos, las grandes realidades, están basadas en comportamientos simples y sencillos sobre los cuales se va construyendo un entramado con una estructura final compleja. Compleja, pero una vez que vemos todos sus puntos, entendible.

Conociendo los pequeños porcentajes que reciben todas las orientaciones sexuales – no pasan del 20% –, comprenderemos que el gran número de pequeñas diferencias que se dan en la sexualidad humana no dan como resultado una gran diferencia, sino que la suma de todas ellas supone **una gran igualdad**.

Los resultados nos indican una idea muy clara respecto a las orientaciones sexuales: **no existe la mayoría sexual**. El hecho de que *heterosexualidad* y *homosexualidad absolutas* reciban diez puntos más que la *bisexualidad absoluta* y las *flexibilidades de primer grado* no muestra una mayoría; al menos no significativa. Esto se resume en que, si **no** hay mayoría, tampoco **existen las minorías sexuales**; no entre estas siete orientaciones.

Aunque veamos los dos grupos extremos con el mayor porcentaje, 20%, si decidimos juntar las orientaciones teniendo en cuenta el sexo o sexos de atracción, entendemos que aquellas que muestran la atracción simplemente hacia un sexo – *heterosexualidad y homosexualidad absolutas* – suman el 40% de la población en la línea, mientras que las que permiten cierta o completa *bisexualidad* dan un 60%.

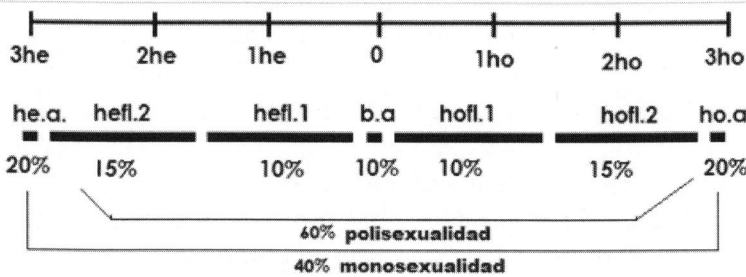

Orientaciones de atracción hacia un sexo – 40%.

Orientaciones de atracción hacia ambos sexos (con igual o distinto porcentaje de atracción) – 60%.

Sea como fuere, no hay espacio para la discriminación por mayoría. Hoy en día podemos pensar que existe cierta tolerancia hacia la *homosexualidad*, pero no así hacia la *bisexualidad*.

Si en algún momento nos vuelve a atacar la estupidez y decidimos pensar, por ejemplo, al ver el 20% de cada grupo absoluto, que lo correcto socialmente es la atracción hacia un solo sexo, sin importar si se trata de *heterosexualidad* u *homosexualidad*, y que lo incorrecto es que ambos sean centro de atracción, recordemos que todo el espectro de *bisexualidad* recibe un 60% de atracción, que es mayor que el 40% de la suma de la exclusividad de *heterosexualidad* y *homosexualidad*.

Lo miremos por donde lo miremos no hay mayorías ni minorías entre estas siete orientaciones.

- **¿Qué espero del descubrimiento de esta ley?**

Me gustaría que este conocimiento de la igualdad entre orientaciones sexuales, y de esta mayoría de polisexualidad, sirviera para **aumentar la consciencia**, para que las personas de mi generación que no se encuentren

157

en la *heterosexualidad absoluta* abandonen el <u>senti-miento de individualidad</u>, dejen de sentir su orientación como "una minoría que hay que aceptar" o, peor, algo que esconder; apuesten por una vida de libertad, y decidan respetar su identidad afectivo-sexual; que entre todos rompamos la *ley del silencio* y terminemos con el *proceso de "heterosexualización"* sociedad-individuo-sociedad; que cuando este proceso pase por ellos, que devuelvan otra moneda por medio de su comportamiento y capacidad de influencia sobre su entorno inmediato; que decidan pelear para llegar a un futuro mejor, <u>su</u> futuro mejor.

Tengamos en cuenta que...

La generación de nuestros padres también rompió moldes e hizo avanzar la sociedad en el terreno del sexo y de las relaciones; y aunque se quedaron casi exclusivamente en la parte heterosexual, el logro fue mucho. Gracias a su avance, mi generación ha crecido en una sociedad más abierta e inclusiva que ha permitido a los jóvenes, por ejemplo, poder tener varias relaciones, estables o no, rompiendo con la costumbre de tener únicamente una novia o novio antes de casarse. También dotaron de sexualidad a las mujeres, equiparándola, en la concepción social de la misma, casi completamente con la de los hombres.

Pero aún queda mucho por hacer y esta parte nos toca ya a nosotros: los jóvenes de hoy. Ésta es una de nuestras luchas. Pobre de la generación que no desarrolle un contraste, logre un objetivo, ascienda de nivel, no rompa un tabique. Será una generación débil; por no decir que será una generación perdida.

Desde la legalización del matrimonio homosexual, en España las cosas han cambiado mucho.

Ya no hay ese gran elemento *heterosexualizador* (o "heterosexualizante", puesto a inventarnos palabras). En los próximos años la sociedad va a cambiar mucho más y esta vez lo va a hacer mucho más deprisa. Esperemos que la juventud no se someta a la *heterosexualización*, al heterosexismo, a la heteronormatividad, y sea colaboradora con ese cambio. Debe ser una de nuestras revoluciones. Toda generación debe hacer algo por el avance de la sociedad, por la mejora conjunta y continua.

OPINIÓN PERSONAL

La Vida ha dejado esta parte de la naturaleza resuelta en perfecta matemática, como lo tiene todo, pero únicamente el paso del tiempo, con las crecientes tolerancia y libertad, pondrá las cosas en su sitio y nos enseñará la verdadera cara de este ámbito de la vida.

La Verdad, si ésta es natural y no (proveniente de una situación) personal, siempre acaba imponiéndose a la mentira, al menos en las cosas naturales, por un simple motivo: la Verdad tiene en ella la razón. La Verdad existe en sí misma. Tiene significado. Es necesaria. Define. Construye y regula. No hay nada con mayor sentido en la vida que la Verdad. La Verdad nos une, la mentira nos separa, nos difumina el camino, nos pierde, nos fragmenta, nos hace colisionar contra obstáculos innecesarios. <u>La Verdad nos conforma; es constructiva. La mentira nos deforma; es destructiva.</u> Sólo la Verdad existe.

Soy consciente de lo arriesgado de hablar de una línea de la igualdad donde se crean y regulan siete orientaciones sexuales, de un imperio de la simetría, de un espacio encargado de regular el reparto de población en estas orientaciones, así como de los mismos valores en números en cada punto correspondiente a cada lado de la misma. Veo perfectamente la sensación de "radicalidad" que crea la información de este trabajo. Pero partiendo de la falta de libertad de las generaciones anteriores y de la pequeña libertad de la que gozan las actuales y el aumento de la sexualidad reconocida en la sociedad y también el conocimiento de la misma, llego a la conclusión de que nada sabemos con claridad y seguridad absolutas y nada, por tanto, puede ser entendido como un razonamiento radical. Al menos no en materia afectivo-sexual. Es más, me atrevo a afirmar que, en realidad, ha sido hasta ahora cuando hemos vivido, y seguimos viviendo, de hecho, a nivel de concepción, en una posición radical: el heterosexismo y la heteronormatividad, el heteropatriarcado…el imperio de lo "het". La mentira.

Debemos entender que provenimos de dictaduras religiosas, sociales, políticas y económicas que nos han conformado el pensamiento, que nos han creado una forma de pensar, de percibir, de entender. Debemos dar media vuelta, olvidarnos de todo. Como diría Eduardo Punset: más importante que aprender es desaprender. **Debemos desaprender**. Entreguémonos vacíos al conocimiento del mundo. Seamos neutrales. Atrevámonos a descubrir; lleguemos a lo inimaginable.

El conocimiento contra la "anormalización" de la sexualidad y la afectividad.

Han colocado a la heterosexualidad contra su hermana gemela, la homosexualidad. Si ellas mismas, por su propia división de la población, toleran la existencia de la otra, ¿por qué las personas no?

A todos aquellos que no nos crean capaces de crear sociedades basadas en comportamientos ilógicos, como sería para ellos tan poca *heterosexualidad (absoluta)* si esta ley fuera verdadera, les recuerdo que como individuos de nuestras sociedades también hemos creído en la inferioridad de las personas de raza negra, la hemos justificado con argumentos supuestamente ciertos y científicos, y se las ha esclavizado. De la misma manera, recordemos el sometimiento, por nacimiento, de siervos a señores en la Edad Media, la creencia de que las mujeres no tenían ni alma ni inteligencia; hemos encerrado hombres en circos romanos para que se los comieran los leones, y hemos disfrutado con ello; hemos, incluso, sacrificado personas a los dioses. Por lo tanto, sí; sí es posible que hayamos negado nuestra verdadera identidad afectivo-sexual y hayamos creado sociedades que atenten contra lo dictado por la naturaleza y contra las verdaderas lógica y justicia. Hemos creado dictaduras sociales en las que cada persona ha creído las ideas sociales del heterosexismo y la heteronormatividad como verdaderas, asumiendo inconscientemente los comportamientos y estratos del heteropatriarcado como "lo correcto", enjaulando su propia verdad o verdades, por miedo a las represalias, a la diferencia, a la exclusión social, a ser "la peste", a la soledad. Se han negado a sí mismos.

Hemos levantado tabiques entre las personas separándolas en grupos divididos y separados por raza, etnia, religión, sexo, sexualidad, origen social, etc.

La enorme inteligencia humana es un poder tan grande que puede volverse contra los propios humanos, si no se usa con cautela, con serenidad de mente y tranquilidad de espíritu. ¿Quién ha dicho que siempre la usemos a favor?

La vida es bella tal y como es. No hace falta inventarse mundos paralelos, sociedades irreales, artificializar comportamientos. No hace falta poner más piedras en el camino. Ya hay bastantes con las que tropezar. Aligerémoslo por el bien de todos.

Vivimos rodeados de pequeñas dictaduras que nos amoldan, que nos limitan, que nos niegan el conocimiento de nosotros mismos, el placer de ser nosotros mismos, la libertad y el derecho a serlo. Seamos conscientes de la existencia de estas pequeñas dictaduras, localicémoslas y eliminémoslas. Nuestra sociedad no representa

163

plenamente la verdadera naturaleza de sus habitantes. Es una sociedad emocionalmente ignorante, desvirtuada, derrotada en los comportamientos sociales de "ser lo que se es" por naturaleza; de ser y poder ser lo que somos en verdad.

Simplemente, preguntémonos: ¿cuántas personas más de cuántas más generaciones tienen que resignarse a vivir lo que en el fondo no desean mientras no se atreven ni siquiera a rozar la vida que quieren para ellos y que saben perfectamente posible de existir?

El hecho de que esta ley natural exista es enormemente positivo. Ahora sólo tenemos que aceptarla. El conocimiento de la gradación de la sexualidad y de las relaciones de igualdad en la misma nos hará más conocedores de nosotros mismos y nos permitirá percibir, pensar y actuar con mayor consciencia, y también con mayor libertad. Seremos un poco más dueños de nosotros mismos, de la gestión de nuestras propias vidas. Ello es <u>esencial para la felicidad</u>. Somos iguales por ser personas y con eso basta; con mayorías y minorías. Es un mapa de un campo repartido desde un simple punto produciendo la mayor equidad posible, buscando, como siempre, el equilibrio. El conocimiento nos muestra la igualdad. El conocimiento nos lleva a la libertad.

europa
ediciones